Collection dirigée par le professeur Roger Brunet,
assisté de Suzanne Agnely et Henri Serres-Cousiné.

© *1978. Librairie Larousse. Dépot légal 1978-2e — No de série Éditeur 8548.*
Imprimé en France par l'imprimerie Jean Didier (Printed in France).
Librairie Larousse (Canada) limitée, propriétaire pour le Canada
des droits d'auteur et des marques de commerce Larousse.
Distributeur exclusif pour le Canada : les Éditions françaises Inc.,
licencié quant aux droits d'auteur et usager inscrit des marques pour le Canada.

Iconographie : tous droits réservés à A. D. A. G. P. et S. P. A. D. E. M.
pour les œuvres artistiques de leurs adhérents, 1978.
ISBN 2-03-013934-3.

beautés de la France

CHAMPAGNE-ARDENNE

Librairie Larousse
17, rue du Montparnasse, 75006 Paris.

Sommaire

Dans chaque chapitre figure une carte originale de Roger Brunet.

Les numéros entre parenthèses renvoient aux folios placés en bas de page avec les titres abrégés des chapitres (1. La Champagne pétillante — 2. Reims — 3. Troyes — 4. Remparts de Champagne et d'Ardenne).

1. La Champagne pétillante

Textes en haut de page

rédigé par Jacques Nosari

2. Reims, fleuron de la Champagne gothique

Textes en haut de page

rédigé par André Séverac

Les photographies sont signées :
pp. 1, 5, Édouard-Studio des Grands-Augustins;
pp. 2-3, 8-9, 10-11, 14, 16-17, 17 (haut), 18 (haut), 18 (bas), 19 (haut), 19 (bas), F. Jalain;
pp. 3 (bas), 4-5, 8 (haut), 12, J. Laiter-Vloo;
pp. 6 (bas), 8 (bas), 13 (bas), de Rudder-Vloo ;
pp. 6-7, 15 (haut), Reichel-Top;
p. 13 (haut), Tixador-Top;
p. 15 (bas), J. Bottin;
p. 16 (haut), Guillot-Top.

Le reportage photographique a été réalisé par
Pierre Boulat-Sipa-Press,
à l'exception des photos :
pp. 2-3, 15 (haut), Salmon-Top.

Le reportage photographique a été
réalisé par
Martin Fraudeau-Top,
à l'exception des photos :
pp. 4-5, Lanaud-Explorer;
p. 19 (haut), Rozen-Atlas Photo.

Le reportage photographique a été
réalisé par
Gilbert Martin-Guillou-C.-D. Tétrel.
à l'exception des photos :
pp. 4-5, Cuny-Explorer;
pp. 6-7, Saint-Servan-Explorer.

Index

Les lettres placées devant l'indication des pages renvoient aux chapitres suivants :

CP (La Champagne pétillante)
RE (Reims, fleuron de la Champagne gothique)
TR (Troyes et la Champagne méridionale)
RCA (Les remparts de Champagne et d'Ardenne)

Les pages sont indiquées en **gras** lorsqu'il s'agit d'une illustration, en *italique* pour le renvoi à la carte.

Le charme discret de la Champagne

*L*A CHAMPAGNE *et* le *champagne : le changement de genre change tout. L'un est plus connu que l'autre. L'un séduit, attire, pétille, évoque la fête; l'autre est à découvrir, et se laisse un peu moins facilement aimer : mais son impression est peut-être plus durable...*

La Champagne a trois paysages. Celui de la plaine nue, où se trouvent les grandes villes, où règne l'ordre géométrique des grandes fermes, et où s'effacent les derniers bois de pins. Celui des plateaux boisés en larges remparts où s'encaissent les rivières. Et, minuscule mais combien séduisant, celui du vignoble.

Le vignoble fait des festons sur le talus qu'on appelle côte d'Ile-de-France, entre Vesle et Grand Morin. Il entoure la «montagne» de Reims, s'insinue le long de la vallée de la Marne, bien en dehors de la Champagne, jusqu'en aval de Château-Thierry. Au-dessus des brumes et des frimas de la plaine, il se dore au moindre rayon de soleil. Impeccablement tenu, il tapisse exactement chaque pente, sur des terres qui valent de l'or, quand par hasard elles se vendent. De gros villages se mussent au creux des vallons, et s'entourent des belles villas des vignerons cossus.

Devant, s'étale à l'infini l'imperceptible moutonnement de la plaine de craie, où le plus modeste mouvement de terrain s'appelle «mont», et a compté durant les guerres. Derrière, s'étendent le plateau de Brie, moucheté d'étangs et ouaté de bois, ou les fortes collines du Tardenois. Dessous, courent les caves, qui abritent deux ou trois cents millions de bouteilles.

Dessous, c'est façon de dire; les caves sont surtout sous les deux villes qui se disputent la suzeraineté du vignoble, Épernay et Reims. Elles se partagent à peu près également les ventes : aussi, la plus petite des deux villes est-elle plus marquée par le champagne, qui d'ailleurs y a ses grandes institutions. À Reims, certes, le champagne ne se laisse nulle part oublier; mais comme un accompagnement plus que comme une vedette.

La vedette, ici, est bien la cathédrale : l'une des trois ou quatre sublimes réussites du gothique, un épanouissement de l'art religieux de la grande époque, un musée de la statuaire médiévale en même temps qu'un chef-d'œuvre d'architecture. Les deux anges au sourire disent la joie et l'amour avec lesquels ont travaillé d'anonymes sculpteurs. Leur trouverez-vous l'air serein, ou l'air farceur? C'est selon votre humeur. Du moins sont-ils vivants, ô combien!

Hors Notre-Dame, les guerres n'ont laissé à Reims que des œuvres isolées : une porte romaine, un vieil hôtel, de magnifiques éléments de l'ancienne abbaye Saint-Remi, dont la puissance fut extrême. Mais Châlons-sur-Marne n'est pas loin, dont plusieurs églises de tout premier plan embellissent un centre-ville assez discutablement «rénové»; et, toute seule dans la grande plaine, l'étrange basilique de L'Épine fige pour les siècles les délires d'un gothique flamboyant déjà tout proche du baroque.

La Champagne méridionale a Troyes pour capitale, et la chance d'avoir évité la Première Guerre mondiale. Aussi, bien que Troyes n'ait pas un monument de la dimension de la cathédrale de Reims, est-elle la capitale touristique de toute la Champagne, si l'on se fonde sur la densité de ses richesses. La Renaissance, ici, a été d'une qualité d'inspiration exceptionnelle, comme on le voit partout dans la «ville aux cent clochers» et dans bien des villages aux environs. Il y eut une «école troyenne», dont restent bien des témoins, aussi, dans la sculpture et la peinture. Et, au cœur de la ville, que de vieilles rues ne semblent-elles pas venir tout droit de ce XVIᵉ siècle si fécond, avec leurs tourelles et leurs encorbellements, leurs pignons et leurs colombages en tous sens!

On sent que la Champagne dite humide n'est pas loin, où l'on sut si bien travailler le bois que, du même siècle, nous est parvenue toute une série d'églises de village en bois, aux formes surprenantes. Là, les nouveaux lacs d'Orient et du Der, récemment créés pour améliorer le régime de la Seine et de la Marne, deviennent des centres touristiques fréquentés : artifices appréciés dans une région qui, n'ayant ni mer ni montagne, s'équipe modestement.

Il y a plus de variété sans doute dans cette large écharpe qui cerne à moitié la Champagne, des Ardennes à la Bourgogne. Cet ensemble de plateaux est comme une marche boisée qui a souvent protégé le cœur du Bassin parisien. Les points de passage obligé, vallées encaissées ou défilés de l'Argonne et de la Meuse, ont tous inscrit leur nom dans l'histoire. Et, comme cette barrière naturelle ne suffisait pas, on l'a partout fortifiée. Aussi Langres, depuis les Romains, a-t-elle des airs de citadelle, bien paisible maintenant. C'est un autre chef-lieu du tourisme en Champagne, dans un paysage particulièrement vert et embelli par plusieurs lacs artificiels. Tout au nord, l'énorme château de Sedan, la vieille citadelle de Mézières, les bastions de Rocroi complètent les défenses naturelles de la forêt d'Ardenne et du profond défilé de la Meuse, où chaque rocher a un nom de légende. Et, sur cette marche qu'il fallait tenir, sont deux des rares villes françaises créées depuis le Moyen Âge : Charleville, dont le centre ressemble à la place des Vosges à Paris; Vitry-le-François, qui a été plusieurs fois rebâtie.

En feuilletant ces pages, on peut voir que la Champagne — ici présentée dans ses limites officielles, naturellement — est bien plus séduisante qu'on ne peut le dire et qu'on ne l'imagine souvent : avec une discrétion qui semble la desservir un peu, mais qui fait en réalité partie de son charme.

ROGER BRUNET

la Champagne
pétillante

*U*n climat limite, des cépages sélectionnés,
une culture minutieuse, des négociants habiles :
la Champagne dispose aujourd'hui
du plus connu des vignobles du monde.

◀ *Le remueur mire le vin
pour savoir comment
se comporte le dépôt.
(Cave Moët et Chandon.)*

▲ *Sur une butte
dominant les vignes
se profile
le moulin de Verzenay,
habilement reconstitué.*

◄ *Les raisins blancs
de la Côte des Blancs
apportent aux cuvées
de vins de champagne
finesse et élégance.*

La Champagne pétillante. 3

◄ *Cent jours après la floraison*
se font les vendanges.
Puis chaque grappe
est examinée pour éliminer
les grains imparfaits.

▲ *Des mois durant,*
le remueur secoue,
tourne et redresse les bouteilles
placées sur des pupitres,
bouchon vers le bas.

Du cep à la bouteille,
de multiples et délicates opérations
sont nécessaires pour aboutir
à ce vin pétillant et mousseux
des jours de fête.

Le long vieillissement ▲
en cave, à l'abri de la lumière
et des courants d'air,
à une température constante de 10 °C.

Au bord de la Marne, ▶
Damery, dominée
par la tour-clocher
de son église.

*Deux cent cinquante villages se partagent le privilège
de fabriquer le vin de Champagne.
Ainsi, sur la Montagne de Reims, au long de la vallée de la Marne,
sur la Côte des Blancs et dans une petite zone entre Bar-sur-Seine et Bar-sur-Aube,
s'étend le vignoble champenois, producteur de crus réputés.*

L'église ▲
Saint-Martin
de Vertus
se mire dans
une calme
pièce d'eau,
alimentée
par un puits
qui jaillit sous
le sanctuaire même.

▲
◀ À Ville-Dommange,
petit bourg de la Montagne de Reims,
la chapelle Saint-Lié :
la façade nue porte, dans une niche,
une vierge rustique
du XVIe siècle.

À l'attrait des terroirs vignerons et à la douceur des paysages,
la Champagne joint beaucoup de discrètes et belles œuvres d'art.

Au milieu de fraîches prairies, ▶
le château d'Étoges,
ancienne forteresse féodale
remaniée à l'époque Louis XIII.

▲ *La Côte des Blancs :*
la vigne est partout présente,
couronnée par de maigres bois
au bord du plateau calcaire.

*L*e champagne! Un mot magique qui n'appelle pas de traduction. Il se dit et se boit dans toutes les langues. Aucun autre produit de la vigne n'a su s'imposer dans le monde avec autant de force : il est devenu symbole d'élégance et de charme. Pas de célébration — familiale, intime ou professionnelle — qui puisse se concevoir sans lui, et l'expression «sabler le champagne» appartient au rite de la fête.

Ce vin est autant mythe que boisson. Voltaire le qualifia de « civilisateur » :

> *De ce vin frais l'écume pétillante,*
> *De nos Français est l'image brillante.*

Mme de Pompadour, quant à elle, l'aimait comme « le seul qui laisse la femme belle après boire ». Et n'oublions pas la coutume du baptême des navires et des avions. Un dicton de la marine britannique assure : « Un bateau qui n'a pas bu de champagne boira du sang. »

Paradoxalement, le pays qui produit ce nectar n'a pas toujours bonne réputation. Michelet l'a décrit d'une plume maussade : «Ce morceau de craie blanche, sale, indigente... Une triste mer de chaume, étendue sur une immense mer de plâtre », et l'appellation désuète de «Champagne pouilleuse», gravée dans les mémoires, ne contribuait pas à donner une haute idée de la région. Pourtant, la Champagne a bien des attraits, et ses vignobles ne sont pas l'un des moindres.

Le terroir vigneron

Bordant à l'est les plateaux du centre du Bassin parisien, la côte de l'Île-de-France dessine du nord au sud une longue ligne courbe couronnée de bois. Tandis qu'à l'est s'étale la large plaine nue, vouée aux céréales, à l'ouest le relief est plus accidenté et la nature plus verte avec prairies, forêts et étangs. Au front de la côte, qu'entaille la vallée de la Marne, s'étage le célèbre vignoble champenois.

Sur 19 300 ha, dans 291 communes de la Marne, de l'Aube, de l'Aisne et de Seine-et-Marne, la vigne est reine. Cela ne correspond qu'à 2 p. 100 du vignoble français, mais cela suffit à donner à la Champagne son caractère particulier et à lui imposer le rythme de vie des pays vignerons. Et, en valeur, c'est considérable, puisque le prix d'un hectare de premier cru vaut, au bas mot, 600 000 francs.

La loi du 22 juillet 1927, complétée par des lois et des décrets ultérieurs, a délimité l'aire d'appellation «champagne». Il ne s'agit pas d'une zone d'un seul tenant; elle forme une sorte de ruban d'une longueur de 120 km sur une largeur de 300 m à 2 km, composé de trois ensembles : la Montagne de Reims, au sud de la ville des sacres; la vallée de la Marne, en aval d'Épernay jusqu'à Passy-sur-Marne, avec quelques résurgences au-delà de Château-Thierry; la Côte des Blancs, au sud d'Épernay, jusqu'à Bergères-les-Vertus. À cela s'adjoignent des communes éparses, notamment à l'ouest de Reims (vallée de l'Ardre), et une annexe toute différente, bien loin de là, entre Bar-sur-Seine et Bar-sur-Aube.

La même loi de 1927 a précisé les cépages dont les raisins sont propres à la champagnisation, seules variétés autorisées pour l'appellation. Le *pinot noir* occupe environ 30 p. 100 de la surface du vignoble; il domine autour de la Montagne de Reims. Le vin produit est généreux et plein de force. Le *chardonnay* blanc, appelé aussi «blanc de Cramant», couvre 25 p. 100 du vignoble. Ses caractéristiques sont la finesse et l'élégance. Il est prépondérant dans le secteur de la Côte des Blancs. Enfin, plus rustique, le *pinot meunier*, à raisins noirs, tient un grand rôle dans les seconds crus; il concerne de 40 à 45 p. 100 du vignoble.

La nature du sol, riche en calcaire, est l'un des éléments qui ont joué en faveur de la viticulture dans cette région. Les grands crus reposent, en général, à mi-coteau, sur une mince couche de débris mêlant des minéraux très différents. La craie, en sous-sol, permet le drainage : les eaux en surplus s'infiltrent et le sol garde une humidité suffisante. En outre, l'aptitude du terrain à emmagasiner et à rendre la chaleur du soleil participe à la régularité de température dont bénéficie la maturation des fruits. C'est peut-être à la craie aussi que les vins de Champagne doivent leur légèreté et leur délicatesse. Et surtout c'est bien la craie qui abrite la longue fermentation du champagne, dans les longues galeries à température constante.

Le climat n'est favorable que parce qu'il a fallu s'y adapter... Il ne diffère guère du climat parisien : un hiver un peu plus frais, un printemps capricieux, un été assez chaud, un automne lumineux et beau. On est ici à la limite de mûrissement du raisin; si ces conditions extrêmes sont les plus propres à donner des grappes d'une qualité exceptionnelle, c'est parce qu'il a fallu sélectionner minutieusement les cépages et qu'on accorde à la vigne des soins patients. De plus, les ceps se trouvent un peu au-dessus de la plaine, ce qui les met à l'abri des gelées de printemps et des brumes matinales. Sur les versants en pente douce, la vigne prospère, même quand elle est exposée au nord.

Olivier de Serres considérait «l'air, le sol, le complant» comme le fondement même du vignoble. Sans doute voyait-il juste, mais le vignoble champenois montre que, si les facteurs naturels ont leur importance, l'art de la culture et de la vinification joue un rôle majeur. Ne trouvait-on pas autrefois que les vins du nord de la Montagne de Reims étaient «petits et non marchands», que les plants de cépage blanc de la Côte des Blancs méritaient d'être arrachés? Sans la découverte de la «champagnisation», et sans l'organisation du négoce, y aurait-il mieux que le vin de Suresnes ou le gris de Toul?

Les vertus du magnum

La bouteille de champagne la plus répandue est celle de 75 centilitres, dite *la champenoise*. Mais il existe toute une gamme de bouteilles, d'ailleurs plus ou moins utilisées. Elle va du *quart* (18,7 cl) jusqu'au *nabuchodonosor*, dont la contenance est celle de 20 bouteilles classiques, en passant par *la demie* (37,5 cl), *le magnum* (2 bouteilles), *le jéroboam* (4 bouteilles), *le réhoboam* (6 bouteilles), *le mathusalem* (8 bouteilles), *le salmanazar* (12 bouteilles) et *le balthazar* (16 bouteilles).

Tous les vignerons s'accordent à dire que c'est dans le magnum que le champagne trouve ses meilleures conditions de vieillissement. La quantité d'air introduite lors de l'opération de dégorgement est à peu près la même quel que soit le contenu des flacons. La sensibilité à l'oxydation est d'autant moins grande qu'il y a plus de liquide dans le flacon. ■

Au choix...

Il existe plusieurs types de champagne. Le *brut sans année* (non millésimé), né du mélange de plusieurs années normales, est un vin léger et vif qui accompagne parfaitement les entrées, les poissons, les fruits de mer, et peut être servi comme apéritif. Plus corsé, le *brut millésimé* est le produit d'une année exceptionnelle (telles 1947, 1949, 1952, 1953, 1957, 1959, 1961, 1962, 1964, 1966, 1969); il convient aux viandes, au gibier et aux fromages. Quant au *sec* et au

→

▲ *Ultime opération, le dosage : on remplace le « dépôt » par un mélange du même vin, de fine champagne et de sucre candi.*

Pour préserver du gel le vignoble champenois, on le munit de « chaufferettes »
▼ *alimentées au fuel.*

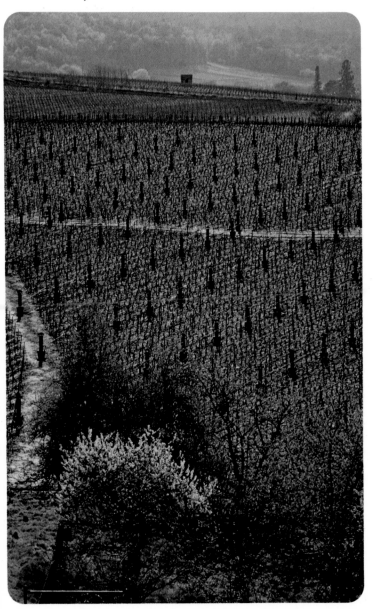

De vigne en vin

La vigne champenoise fait l'objet de soins attentifs tout au long de l'année. Il lui faut trois labours et de l'engrais pour aérer et enrichir le sol, cinq ou six traitements pour la santé des ceps, une taille faite selon des règles précises (elle régularise la production pour une plus grande qualité et favorise le mûrissement). En rangs serrés, espacés d'environ 1 m, les ceps (de 8 000 à 10 000 pieds par hectare) portent leurs premiers fruits après quatre ans de plantation et vivent une trentaine d'années.

La floraison a lieu fin mai-début juin et les vendanges se déroulent cent jours plus tard, vers la fin septembre, plus souvent en octobre. Grappe à grappe, les raisins sont examinés et les grains verts ou abîmés éliminés. Malgré cet « épluchage », toute la récolte n'est pas admise à la champagnisation. Selon l'état des vendanges, est établi un rendement maximal à l'hectare, au-delà duquel les raisins ne peuvent être utilisés pour la fabrication de champagne. En fait, le vignoble champenois est un des plus productifs de France, dépassant des rendements de 120 hl/ha.

Dans les heures qui suivent la vendange, les raisins, transportés précautionneusement, sont pressurés; ils sont placés sur des pressoirs larges et bas afin que le jus ne se tache pas au contact des pellicules teintées. Opération délicate, et qui doit être effectuée avec célérité! Quatre tonnes de raisin (un « marc ») donnent 2 666 litres de moût, destinés à faire du champagne, soit dix pièces de cuvée de 205 litres chacune, obtenues en deux ou trois « serres » rapides, et trois pièces de première et deuxième taille (205 litres chacune), obtenues après avoir découpé à la bêche le marc compressé. Le moût passe dans des cuves de « débourbage » où il repose de 10 à 12 heures; puis dans des tonneaux de chêne ou des cuves de vinification (« pièces ») en vue de la première fermentation (« bouillage »).

La vinification achevée, intervient la préparation de la cuvée, l'une des étapes les plus importantes de l'élaboration du champagne. On mêle 75 p. 100 de raisins noirs et 25 p. 100 de raisins blancs. C'est un savant assemblage de vins d'un même cru ou de crus voisins, de crus différents, souvent d'années différentes, de manière à obtenir un vin parfaitement équilibré et suivi. Chaque maison de champagne garde jalousement le secret de ses cuvées.

Lorsque la cuvée est constituée, on ajoute des ferments naturels et une faible quantité de « liqueur » (du sucre dissous dans le vin) pour faciliter la tendance à l'effervescence. Puis, dès le printemps, le vin est mis en bouteilles (« tirage »). Celles-ci sont couchées « sur lattes » dans les caves, à une température constante de 10 °C. La seconde fermentation dure plusieurs mois, au cours desquels un dépôt se forme, symptôme de la « prise de mousse » du vin. Une fois la *demi-sec*, plus doux, ils s'associent fort bien avec les desserts.

Le *champagne rosé* est plus rare. Ce vin corsé et fruité est obtenu à la suite d'un léger foulage avant l'opération de pressurage des raisins ou par l'addition, au moment de la constitution de la cuvée, d'une certaine quantité de vin rouge, généralement du bouzy millésimé.

Le *champagne blanc de blancs*, produit uniquement par des raisins blancs chardonnay, se distingue par sa légèreté, sa finesse, sa délicatesse, et parfois par une certaine acidité.

Il faut ajouter à cela certaines cuvées spéciales, qui relèguent à la seconde place les meilleurs millésimes; elles sont généralement présentées dans des bouteilles reproduisant les flacons utilisés autrefois : la Réserve de l'Empereur

▲ *Demeure cossue d'Épernay,*
parée de vigne vierge,
le château de Pékin
appartient au champagne Mercier.

(Mercier), le Dom Pérignon (Moët et Chandon), les Comtes de Champagne (Taittinger), le Florens Louis (Piper Heidsieck), le Grand Siècle (Laurent Perrier), le Dom Ruinard (Ruinart).

Mais la Champagne offre d'autres sortes de vins. Le *crémant* est un champagne qui n'a pas été complètement champagnisé. Il pétille moins; sa mousse forme une crème à la surface — d'où son nom —, et sa pression est inférieure à celle des vins mousseux. C'est toutefois un vin de très grande qualité : il est fabriqué avec les meilleurs raisins.

Il faut aussi mentionner le *bouzy*, un vin rouge réputé produit avec les raisins du pinot noir sur les communes de Bouzy et d'Ambonnay, ainsi que le *cumières*, un vin rouge tranquille fabriqué sur

fermentation terminée, les bouteilles sont placées « sur pointe », goulot vers le bas, sur des pupitres inclinés. C'est la phase du « remuage » : pendant six semaines, les remueurs pivotent vivement les bouteilles, tous les jours, d'un huitième de tour. Lorsque le dépôt s'est accumulé derrière le bouchon, on l'élimine par l'opération de « dégorgement ». Une fois encore, le savoir-faire est nécessaire pour éviter de laisser partir mousse et vin. On passe le goulot des bouteilles dans une solution réfrigérée : le dépôt emprisonné par un glaçon est chassé par la pression quand le dégorgeur redresse la bouteille et fait sauter le bouchon. Pour combler le vide, on introduit une petite quantité de liqueur de dosage, dont la teneur en sucre détermine la nature du champagne (brut, sec, demi-sec). La bouteille est alors bouchée définitivement et muselée, car il ne s'agit pas de perdre la plus infime partie du gaz. Le champagne est prêt.

Sans les caves, le champagne n'eût certainement pas été ce qu'il est. Son élaboration doit se faire à température et à humidité constantes. Or la craie du sous-sol réunit ces conditions, oscillant, quelle que soit la saison, entre 10 et 11 °C et 70 et 90 p. 100 d'hygrométrie. Elle a, par ailleurs, la propriété de se creuser facilement, sans qu'il soit nécessaire d'étayer. On a donc pu utiliser comme caves les très nombreuses « crayères » (carrières à ciel fermé) existant depuis l'époque gallo-romaine, et creuser à peu de frais, à même le bloc de craie, le complément. Au total, plus de 200 km de galeries, s'enfonçant jusqu'à 40 m sous terre, abritent 200 millions de bouteilles.

À tout cela — facteurs naturels, caves, rites de la « méthode champenoise » —, le champagne doit sa qualité et également sa réussite. De celle-ci, quelques chiffres suffisent à rendre compte. Pour la première fois en 1970, le plafond des 100 millions de bouteilles a été dépassé : cette année-là, il en a été vendu 102 224 090. Le record absolu des expéditions a été atteint en 1973 où l'on en vendit 124 696 186. Après un fléchissement assez net en 1974, en raison de la crise économique mondiale, la vente remonta en 1975, puis en 1976, où l'on compta 153 495 794 bouteilles vendues, dont 37 913 652 à l'exportation. Le vin est exporté vers plus de 150 pays, les plus importants étant la Grande-Bretagne, l'Italie, les États-Unis, la Belgique, l'Allemagne fédérale — la Belgique venant en tête si l'on rapporte les chiffres à la population.

Au cœur du vignoble, Épernay

Selon la légende, Clovis, ayant coutume de distribuer les terres conquises à ses officiers, aurait confié à un certain Euloge le fief d'*Épernay*, qui s'appelait alors *Sparnacum*. Condamné à mort par

Clovis peu de temps après, cet Euloge dut d'avoir la vie sauve à saint Remi, archevêque de Reims. Reconnaissant, Euloge lui aurait offert la cité. Épernay connut ensuite de multiples fortunes et infortunes... jusqu'au milieu du XVIIIᵉ siècle, lorsqu'un grand bourgeois nanti, Bertin de Rocheret, pressentit le bel avenir du vin de champagne. La notoriété de ce vin pétillant le faisait déjà vendre, par les négociants en draps de Reims, dans plusieurs pays d'Europe. Les petits soupers du Régent l'avaient mis à la mode. Les princes et les rois y prenaient goût. Le grand négoce naquit alors, et il reste à Épernay deux firmes de cette époque : Chanoine, fondée en 1730, et Moët, fondée en 1743. Aujourd'hui, la maison Moët et Chandon, qui a absorbé Mercier, est de loin la plus importante; elle a pignon sur l'avenue de Champagne, anciennement rue de Commerce.

Des maisons baroques, à fenêtres en encorbellement, abritant d'immenses salons dorés, une haute tour en céramique — curieux minaret 1900 —, une suite de grandes demeures avec marquises, écuries, communs, hautes grilles... telle se présente l'avenue de Champagne, où les marques connues se côtoient. La maison Pol Roger, où Winston Churchill avait ses habitudes, voisine avec Périer-Jouet, fournisseur officiel de la cour d'Angleterre. Dans la cave de Mercier, le plus grand foudre de France peut contenir l'équivalent de 200 000 bouteilles. Ce tonneau, construit par Eugène Mercier, monté sur roues et tiré par vingt-quatre bœufs, mit dix jours pour se rendre à l'Exposition universelle de 1889; on dut abattre des maisons sur son passage.

Le musée archéologique, le musée vinicole et viticole, ainsi que la bibliothèque, contenant plus de 100 000 ouvrages, sont installés au château Perrier, sur cette même avenue. Plus bas, l'hôtel de ville (1858), ancienne demeure de la famille Auban-Moët, s'entoure d'un parc dessiné au siècle dernier par les frères Bühler, créateurs du parc de la Tête-d'Or à Lyon.

On peut, à Épernay, visiter les caves. C'est même recommandé. D'immenses souterrains, creusés dans la craie ou voûtés en brique, dessinent un interminable labyrinthe sous les coteaux environnants, où, dans la fraîcheur, à l'abri des variations de température, s'opère la longue série de manipulations délicates. Dans les caves Mercier, ces travaux s'effectuent sous les yeux du public. Du matin au soir, à 35 m sous terre, des petits trains électriques circulent d'un bout à l'autre d'une ou de plusieurs des 47 galeries parallèles coupées de 59 transversales (soit au total 18 km). Sous la voûte éclairée, entre deux murailles luisantes de flacons de verre, les convois cheminent, faisant étape aux différents stades de la fabrication. Un jéroboam lumineux montre la formation progressive du dépôt. Plus loin, on peut admirer l'expert-remueur qui manipule avec dextérité ses vingt mille bouteilles par jour.

la commune du même nom. Ces vins, outre qu'ils supportent assez mal le voyage, sont vendus à des prix très élevés, car l'hectare de vignes à vin rouge coûte aussi cher que celui de vignes à champagne.

Il en est de même pour le *vin nature de la Champagne* (VNC), un vin tranquille, sans mousse. C'est du champagne non champagnisé. Un décret d'août 1974 lui a attribué l'appellation contrôlée de *coteaux champenois*. Il doit répondre aux normes imposées par l'appellation contrôlée champagne (entre autres, les respects du titre alcoométrique minimal). Le rendement maximal à l'hectare ne doit pas dépasser 13 000 kg.

Enfin, on fabrique également, dans la Montagne, un excellent marc de pays et du *ratafia*, cousin du pineau des Charentes, qui s'obtient

▲ *La salle des pressoirs du musée vinicole et viticole, installé dans l'ancien château Perrier, à Épernay.*

Une vieille rue d'Hautvillers et l'ancienne abbatiale, rendue assez disparate
▼ *par diverses reconstructions.*

en ajoutant de l'alcool (eau-de-vie de champagne ou alcool neutre) au moût de raisins de la région. ■

Les grands noms du champagne

La propriété du vignoble champenois se répartit aujourd'hui pour 87 p. 100 entre 17 000 vignerons et pour 13 p. 100 entre 60 maisons de négoce. Les petites exploitations viticoles l'emportent : 39,7 p. 100 des vignerons cultivent moins de 50 ares; 18,5 p. 100 entre 50 a et 1 ha; 20,2 p. 100 entre 1 ha et 2 ha. Quant aux domaines des négociants, ce sont généralement des vignobles de qualité plantés dans les meilleurs terrains (Montagne de Reims, Côte des Blancs). De cette répartition, il ressort toutefois que la production →

Les bulles du moine dom Pérignon

Le champagne, tel que nous le connaissons, n'aurait peut-être pas vu le jour sans la trouvaille d'un moine ingénieux : dom Pérignon. En est-il le véritable inventeur? Certains tendent à diminuer considérablement l'apport de ce bénédictin, né à Sainte-Menehould en 1638. D'autres continuent de défendre fermement la thèse selon laquelle dom Pérignon est bien celui qui a su tirer profit de cette disposition naturelle du vin de Champagne à l'effervescence, et, l'aidant un peu, a été ainsi le précurseur de la méthode champenoise.

Le souvenir de dom Pérignon reste vivace à *Hautvillers*, pittoresque bourgade, agrippée au flanc sud de la Montagne de Reims, dominée par la forêt et commandant une immense étendue de vignes qui descend jusqu'à un rideau de peupliers bordant les courbes de la Marne. Là, s'élevait jadis une puissante abbaye bénédictine qui jouissait d'une haute réputation de science et de vertu. Elle était le but d'un pèlerinage à sainte Hélène, mère de Constantin.

Dès son accession au poste de cellérier de l'abbaye, en 1688, dom Pérignon se signala par sa sensibilité d'œnologue. Ses attributions consistaient à recueillir et à contrôler les comptes des exploitants agricoles, à organiser la coupe et la vente des bois, à fixer les tarifs de louage et surtout à vérifier les caves dont il avait l'administration. C'est grâce à cette dernière fonction qu'il put élever les procédés traditionnels de vinification au niveau d'un art. Il goûtait toujours le raisin à jeun après l'avoir laissé reposer toute la nuit à sa fenêtre. Il tenait compte du temps qu'il faisait pendant les vendanges et de la quantité de feuilles produites par les plants pour procéder à des assemblages de crus. Il mourut très respecté en 1715, la même année que Louis XIV à qui Fagon, médecin du roi, avait prescrit de remplacer le champagne par le bourgogne, selon lui moins irritant.

De l'ancien monastère, brûlé et dévasté à maintes reprises, il reste un beau portail de 1692, avec fronton portant les armes de l'abbaye, et tout un côté du cloître à arcades classiques. Subsiste aussi l'abbatiale, devenue église paroissiale, qui, de la construction primitive, n'a gardé qu'un portail roman. C'est là que repose dom Pérignon, sous une pierre sombre encastrée dans le sol du chœur.

Les bords de la Marne champenoise

La Marne serpente avec grâce au pied de coteaux parés de vignes. Spectacle reposant de verdure et d'eaux tranquilles. D'Épernay à Dormans, il n'y a qu'une vingtaine de kilomètres. Sur la rive droite, se déroule l'un des itinéraires de la «route du champagne». L'autre route, sur la rive gauche, passe par le village de *Vauciennes*, sis à une

▲ *Entourée d'un vignoble de 400 ha,
l'un des plus fameux de la Champagne,
Ay consacre toutes ses activités
à la préparation du vin.*

du raisin demeure essentiellement le fait du vigneron, alors que le négociant a pour tâche d'élaborer le vin et de le commercialiser.

La plupart des vignerons adhèrent à des coopératives qui assurent le pressurage et le stockage de la récolte. Mais certains, au nombre de 3 500, sont devenus *récoltants-manipulants* : ils champagnisent tout ou partie de leur récolte et vendent leur champagne, ce qui correspond à peu près au quart des ventes globales de champagne. Les maisons de négoce ont dû prendre en considération cette concurrence et s'adapter à des conditions nouvelles d'approvisionnement auprès des vignerons.

À l'heure actuelle, il existe 141 maisons de champagne, établies pour la majorité à Reims, à Épernay et dans les environs de ces villes.

*L'élégant château de Dormans,
de style Louis XIII,
abrite aujourd'hui
▼ un séminaire.*

centaine de mètres au-dessus de la Marne : quelques maisons, serrées à la lisière des forêts de la Brie champenoise semées de grands étangs, et une rustique église en grande partie du XVIe siècle. De là, un chemin vicinal en corniche conduit au somptueux château de *Boursault*, construit au milieu du siècle dernier par l'architecte Arveuf, dans le style de la Renaissance, pour Mme Cliquot-Ponsardin.

À *Damery*, de l'autre côté de la rivière, Henri IV vint oublier ses soucis de guerre en compagnie de la «belle hôtesse», Anne du Puy, et de quelques coupes de bon vin, car, aimait-il à répéter, «on ne saurait oublier que je suis le seigneur d'Ay». Damery, où naquit en 1692 Adrienne Lecouvreur, future actrice de la Comédie-Française et idole du maréchal de Saxe, possède l'une des plus belles églises de la région avec sa tour carrée du XIIe siècle.

Toute proche, la butte féodale de *Châtillon-sur-Marne* commande la verte vallée. Une statue colossale du pape Urbain II, natif du pays, domine le village. Un musée lapidaire, aménagé contre l'un des murs extérieurs de l'église, groupe des fragments de pierres tombales, des chapiteaux et quelques débris provenant d'une abbaye de religieuses de Fontevraud, fondée en 1140 par Thibault de Champagne, au hameau voisin de Longueau.

À l'extrémité ouest du terroir champenois proprement dit, au bord de la Marne, *Dormans* apparaît comme un bourg coquet, moderne pour avoir été souvent détruit et rebâti, mais qui a su garder quelques vestiges de son passé : l'église paroissiale du XIIIe siècle, avec sa ligne élancée, son chœur à chevet plat et sa tour «à batière», et surtout le château, ancienne demeure des comtes de Champagne, élevé à flanc de coteau au milieu d'un parc. Il ne reste de l'édifice primitif datant de la fin du XIVe siècle que deux grosses tours à mâchicoulis et toits en poivrière. Le château a été refait à l'époque Louis XIII. Il a appartenu au grand Condé, au maréchal de Broglie, au prince de Ligne. Dans le parc a été édifiée, après la guerre de 1914-1918, la chapelle de la Reconnaissance, destinée à commémorer les deux batailles de la Marne, dont l'emplacement a été désigné par le maréchal Foch. Le domaine appartient aujourd'hui aux religieux salésiens de don Bosco.

Ensuite, toujours vers l'aval, le vignoble devient discontinu, jusqu'à *Chézy*, *Charly* et *Château-Thierry*, patrie de La Fontaine.

La « Montagne » est là

Ay — on prononce «a-i» — appartient à la couronne des villages de la Montagne de Reims. Mais ses vins, par leurs caractéristiques, sont classés parmi les meilleurs crus de la vallée de la Marne. Alfred de Vigny en a gardé un souvenir ému : «Dans la mousse d'Ay luit l'éclair

d'un bonheur.» Alors que les vins rangés dans les crus de la Montagne de Reims sont plutôt robustes et corsés.

Cette *Montagne de Reims*, qui épouse la forme d'un fer à cheval, est une partie de la Côte de l'Île-de-France qui s'étire de Montereau jusqu'aux alentours de Saint-Gobain et de La Fère, où elle s'arrête devant la trouée de l'Oise et le seuil du Vermandois. Dans cette ligne de hauteurs, prolongée au sud de la Marne par la Côte des Blancs, la Montagne de Reims se dresse entre la vallée encaissée de la Marne et

Parmi ces maisons s'est instaurée une hiérarchie. Les 12 plus importantes réalisent 65 p. 100 des expéditions du négoce, les 10 suivantes 15 p. 100 seulement... En tête de ce classement par quantité : le groupe Moët et Chandon-Mercier (Épernay), G. H. Mumm (Reims), Burtin (Épernay; qui vend sous divers noms), Veuve Cliquot-Ponsardin (Reims), Piper Heidsieck (Reims), Pommery et Greno (Reims), Taittinger (Reims). Derrière ces grands, toute une série de noms prestigieux : Lanson (Reims), Charles Heidsieck (Reims), Laurent Perrier (Épernay), Canard Duchêne (Ludes), Trouillard (Épernay), Heidsieck Monopole (Reims), Besserat de Bellefont (Reims), et les très réputés Bollinger (Reims) ou Krug (Reims). Mais s'en tenir à l'importance des ventes, ce serait négliger des maisons célèbres, telles celles d'Henri Abelé (qui mit au point, à la fin du siècle dernier, le procédé de dégorgement par la glace), d'Ayala, de Pol Roger (dont l'Angleterre importa longtemps la plus grande partie de la production), de Chanoine (la plus vieille marque de l'histoire du champagne, fondée en 1730), de Doyen (qui équipa en 1897 les caves situées sous la Bourse de Saint-Pétersbourg), de Perrier-Jouet, de Ruinart, de Roederer, de Henriot, etc... ■

Un penchant pour les félicités

Les villages du vignoble, avenants et prospères, ne se ressemblent pas tous. Chacun a son originalité. Aucun trait régional ne caractérise ⟶

▲ *Toute la grâce de la Renaissance dans le château de Boursault, élevé au siècle dernier pour la célèbre veuve Clicquot.*

la plaine de Reims, où coule la Vesle. Elle est un peu plus élevée que les autres plateaux, bien que ses sommets n'atteignent pas 300 m; et elle fait saillie vers l'est, tandis que la ligne générale de la Côte de l'Île-de-France est orientée sud-nord. Sur son pourtour, au flanc de ses coteaux, les rangées de ceps grimpent à l'assaut des forêts qui couvrent les hauteurs.

Pargny-lès-Reims est à la limite nord-ouest de la Montagne (dans le pays on n'ajoute jamais « de Reims »). Ce n'est encore que la « Petite Montagne », désignation due non pas à l'altitude mais à l'acidité du vin, dont la qualité moyenne est au bas de l'échelle des crus. En suivant l'excellent itinéraire de la « Route de Champagne », on arrive à *Jouy*, puis à *Saint-Lié*, qui vaut par sa chapelle du XVe siècle dont la façade est décorée d'une Vierge aux longs cheveux. À *Ville-Dommange*, étagée sur un coteau couvert de ceps, on produisait autrefois un bon petit vin rouge. L'église mêle curieusement les styles : une nef à demi-romane, un chœur du XVIe siècle, des fonts baptismaux Renaissance, deux petits portails du XVe, un vitrail du XVIe et des verrières modernes. D'autres églises méritent la visite : à Sacy, à Chamery et à Villers-Allerand où commence, au pied du mont Joli (274 m), la véritable Montagne de Reims. Les vignes deviennent plus abondantes, la route est plus sinueuse.

Suivent *Rilly-la-Montagne*, un gros bourg cossu, réputé pour ses guinguettes sous les futaies; *Chigny-les-Roses*, à la lisière d'un vallon boisé (un gigantesque marronnier ombrage une des places du village); puis *Ludes* « le Coquet », dont l'église est intéressante en dépit de son aspect extérieur assez disparate. À l'est de Ludes, *Mailly* a le privilège de produire un cru « hors classe », une « tête de cuvée » dont l'encépagement est constitué par le pinot noir.

Les vins de cette région entrent en forte proportion dans la composition des grandes cuvées de champagne. Cela peut surprendre, le vignoble étant orienté vers le nord. Mais les vallonnements et les replis de terrains sont très divers et, au printemps, on peut voir la vigne semée d'une multitude de petites cheminées : ce sont des appareils de chauffage pour lutter contre les gelées tardives.

Nichée entre deux promontoires détachés de la falaise, *Verzenay* est — avec *Le Mesnil-sur-Oger* dans la Côte des Blancs — la commune du vignoble où la superficie plantée en vignes est la plus importante. Son vin est des plus appréciés. Le village est dominé par un vieux moulin depuis longtemps immobile (il a été entièrement reconstitué pour évoquer l'époque où ils furent nombreux en Champagne). La route descend ensuite en pente rapide sur *Verzy*. Il reste une casemate en bordure de la crête : l'observatoire du « Sinaï » (283 m) d'où le général Gouraud préparait ses offensives, et d'où l'on voit toutes les faibles buttes qui, dans la plaine champenoise, jouèrent un si grand rôle au cours de la Grande Guerre. Mais la curiosité de Verzy, ce sont, en pleine forêt, les « faux » : des hêtres au tronc noueux dont les branches se développent en parasol, se bordent, se recourbent — des monstres où la nature a été aidée par des moines inventifs (Verzy fut le siège d'une abbaye bénédictine).

Nous sommes dans le secteur où raisins blancs et raisins noirs fraternisent. Cette coexistence porte ses fruits à *Villers-Marmery* et à *Trépail*, qui produisent des vins « nature » de bonne qualité. *Ambonnay*, un peu au sud, est un bourg auquel une charte de Henri III particulièrement leur architecture. Les maisons sont secrètes : peu ou pas de fenêtres sur rue. Une porte cochère donne accès à une cour sur laquelle ouvre la maison d'habitation, à un étage ou composée d'un simple rez-de-chaussée. Autour de la cour s'ordonnent les dépendances, le cellier et l'écurie faisant maintenant office de garage.

Mais tous ces villages ont en commun une certaine coquetterie. Partout et presque toute l'année, les rues sont fleuries. Les mannequins — ces grands paniers d'osier servant naguère au transport des grappes, de la vigne au pressoir, et qui ont été remplacés par de vulgaires récipients en matière plastique — servent de bacs à fleurs.

Ces villages avaient en commun une discrétion et une retenue dues

▲ *Le foudre des caves Mercier, construit pour l'Exposition de 1889, contient 200 000 bouteilles de champagne.*

Le château de Montmort : un «ravissant tohu-bohu de tourelles, de girouettes, de pignons,
▼ *de lucarnes et de cheminées» (Hugo).*

peut-être au caractère ancestral du Champenois de souche. Yves Gandon, écrivain attaché à ses origines, leur accorde «une fantaisi[e] modérée par la prudence de l'espri[t] l'humeur allègre, un sens de la form[e] accomplie et un penchant pour les félicités matérielles». Le vigneron champenois, de fait, aime le confo[rt] sous toutes ses formes actuelles, et l'aisance acquise depuis 10 à 20 ans[s] a fait proliférer les coquettes villas.

Enfin, ces villages ont en commu[n] un rythme de vie déterminé par les travaux de la viticulture. Tout le monde fait la même chose en mêm[e] temps selon les saisons, l'époque de[s] vendanges constituant le grand moment de l'année, le plus animé aussi, avec notamment les fêtes de[la] Saint-Vincent, qui donnent lieu à d[e] multiples réjouissances bachiques et folkloriques. ■

accorda de se «faire clore et fermer de murailles et fossés». Le tracé de ces défenses est encore visible. Si Ambonnay fournit un cru «hors classe» et un rouge «tranquille» des plus estimés, celui de *Bouzy,* tout à côté, est bien plus réputé encore.

S'écartant des coteaux, la route descend dans la plaine, vers la Marne. À *Tours-sur-Marne,* bourgade très ancienne et riche en vestiges gaulois et gallo-romains, la route prend soudain la direction de l'ouest et gagne *Mareuil-sur-Ay,* dont le château, du XVIIIe siècle, garde le souvenir du duc d'Orléans, Philippe-Égalité, qui en fut propriétaire (1788-1792). André Chénier y vint souvent et peut-être y rencontra-t-il Aimée de Coigny, la «Jeune Captive». En 1830, le duc de Montebello, fils du maréchal Lannes, acquit cette propriété, qui fut

ensuite reprise par le champagne Montebello. Un petit musée du maréchal y figure.

Et puis voici, près de Ville-en-Selve, l'autre château, celui de Louvois, ministre de Louis XIV. C'est son père, Michel Le Tellier, qui fit construire le château actuel. Longtemps abandonné, celui-ci a été restauré et il est aujourd'hui habité par une branche de la famille Chandon. À l'intérieur, la salle à manger, dite «de la Reine» parce que Marie-Antoinette y aurait séjourné, garde de beaux lambris sculptés.

La Côte des Blancs

De l'autre côté de la Marne, la Côte des Blancs ressemble beaucoup à la Montagne de Reims, mais elle est rectiligne. Elle se déploie, sur 16 à 18 km, entre Cuis et Bergères-les-Vertus, et doit son nom à la majorité de raisins blancs de ses vignes, du chardonnay, aujourd'hui garant des bons «mariages» de cuvées. De là vient le fameux *blanc de blancs,* au bouquet délicat.

Cramant représente, avec sa voisine *Avize,* le sommet de la qualité des raisins blancs de la côte. L'une et l'autre commune donne des vins «à 100 p. 100», c'est-à-dire situés tout en haut de l'échelle des crus — celle-ci, fixée en vertu d'une tradition séculaire, sert de base au prix du raisin payé par les négociants aux vignerons. La bourgade d'Avize est fort ancienne; des titres du XIIe siècle la qualifient de «ville». Ses maisons reposent sur des caves voûtées en pierre, propices à la conservation des vins. Son église, jadis abbatiale d'un couvent de bénédictines, est encore remarquable grâce à sa nef du XIIe siècle dont les piliers sont ornés de sculptures. L'église d'*Oger,* village qui touche presque Avize, remonte aussi, en partie, à la fin du XIIe siècle.

Encore une église intéressante au *Mesnil-sur-Oger,* sise à flanc de colline parmi les vignes. Sous de belles boiseries du Grand Siècle, on a découvert un retable de pierre consacré à la vie de saint Nicolas, patron de l'église. Le Mesnil, ville franche sous l'Ancien Régime, est aujourd'hui une aimable bourgade vigneronne, et plusieurs négociants y sont fixés en permanence. Berceau d'Eustache Deschamps, poète du XIVe siècle, *Vertus* vit se tenir dans ses murs, en 1358, les états généraux de la Champagne réunis par le dauphin Charles. Depuis, la ville a été souvent saccagée, mais elle conserve quelques maisons à pans de bois, la porte Beaudet (XIIIe-XVe s.), vestige des anciens remparts, ainsi qu'une église de style ogival primitif.

Cette extrémité de la Côte des Blancs, à laquelle s'adosse Vertus, culmine au Cormont, un piton boisé d'où la vue porte loin. Face au Cormont, au sud-est, s'élève une butte isolée et minée de souterrains :

La Champagne gourmande

Le temps des vendanges n'est plus, comme autrefois, le prétexte à de grandes agapes, quand la potée champenoise, qui tient du pot-au-feu et de la soupe au lard, était apportée dans d'énormes chaudrons et savourée au milieu des chants et des danses. *La potée,* parfaite illustration de la cuisine champenoise traditionnelle, tient plus des recettes populaires que de la gastronomie. Dans quelques excellents restaurants de la région, on prépare le poulet sauté au champagne, la poularde au champagne ou le coq au bouzy, ces grands plats locaux, avec la grive, toujours au champagne.

Le lard est à la base de nombreux plats, comme la salade au lard faite avec des pissenlits ou de la laitue romaine additionnée de « fritons » chauds. Citons encore : la burute, boudin que l'on cuit dans la soupe; la grillade, jambon au lard cuit au-dessus des braises; les haricots aux « patteaux », mitonnés avec des pieds de porc salés; le quartier de mouton à la champenoise, piqué de lard, mariné dans de l'huile et du vinaigre et mouillé de vin d'Ay.

Citons également quelques spécialités plus ou moins connues : l'andouillette de Troyes, les asperges d'Hermonville, le jambon persillé et le pâté de pigeon.

Les fromages aussi méritent intérêt : le cendré de la Marne, le chaource, le cendré des Riceys ou cendré de Champagne, le mostoffait, fromage blanc pétri au beurre et enrichi d'estragon.

Enfin, parmi les pâtisseries ancestrales, retenons les frivoles, →

▲ *À Pierry, près d'Épernay,*
le château de la Marquetterie,
aux lignes sobres,
date du XVIIIᵉ siècle.

Un corps de logis central
et deux ailes terminées chacune
par une tour :
▼ *le château de Condé-en-Brie.*

le *mont Aimé,* qui domine d'une centaine de mètres les vastes marais de Saint-Gond. Ce mont Aimé, riche en vestiges préhistoriques, a été successivement poste gaulois et oppidum romain. Les grands du royaume carolingien s'y seraient assemblés pour proclamer roi Louis II le Bègue, fils de Charles le Chauve. En 1210, Blanche de Navarre y fit édifier un château fort. Quelques années plus tard, en 1259, le mont Aimé fut le théâtre d'un massacre de manichéens et d'albigeois, ce qui fait affirmer, à quelques historiens audacieux, que le catharisme d'Occident serait né là.

On trouve encore des vignes, mais de moindre importance, au bord de la Brie champenoise jusqu'à Étoges, et même plus loin. *Mondement,* de l'autre côté des marais, fut le point le plus avancé de l'offensive allemande — près du château se dresse le monument commémoratif de la victoire de la Marne, érigé en 1939 et inauguré seulement en 1951. La vigne se retrouve au-delà même de *Sézanne,* ville dont le tracé des anciens remparts est marqué par de belles promenades ombragées de marronniers et de tilleuls.

Un pays de forêts et d'étangs

Le vignoble s'appuie sur la Brie champenoise : un plateau boisé et cultivé, coupé par les fraîches vallées du Surmelin, du Petit et du Grand Morin. D'épaisses forêts, de beaux et de vastes étangs, des

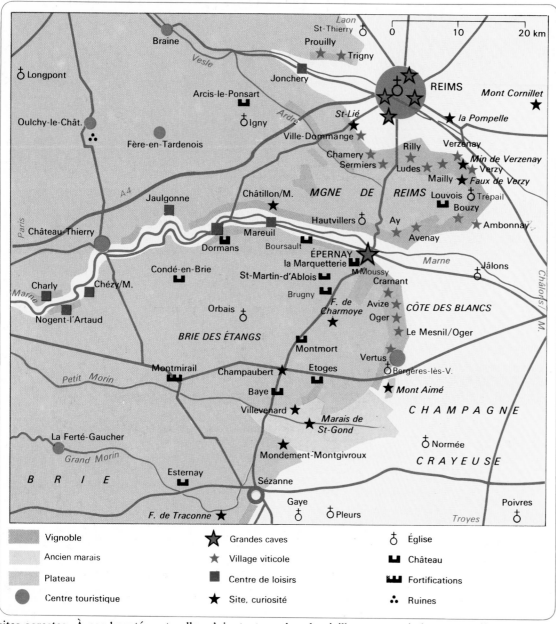

▦ Vignoble	★ (grand) Grandes caves	♀ Église
▨ Ancien marais	★ Village viticole	▄ Château
▨ Plateau	▪ Centre de loisirs	▟ Fortifications
● Centre touristique	★ Site, curiosité	⁙ Ruines

→

sorte de beignets qu'on dégustait le jour de Carnaval, et la dariole, tarte fourrée de crème au lait et aux œufs. ■

Le vin mis en musées

Le champagne, ayant une belle histoire, se devait d'avoir ses musées. Celui d'*Épernay*, logé dans l'ancien château Perrier, illustre parfaitement le travail de la vigne et du vin jusqu'au début du siècle dernier. Il recèle de belles collections de pressoirs, de bouteilles, d'outils, de maquettes et d'étiquettes.

À quelques enjambées, une fois remontée la fameuse avenue de Champagne, le musée Mercier abrite notamment une quarantaine de pressoirs et de tonneaux anciens.

Au nouveau musée champenois de *Moussy*, plusieurs types de charrues sont exposés dans une cour sous une vigne reconstituée. À l'intérieur sont rassemblées une quinzaine de machines à vin : doseuses, boucheuses, boslins (machines à déboucher les bouteilles en vue du dégorgement), les plus anciennes datant de 1850. On y remarque aussi un « balai d'osier », ancêtre de l'hélicoptère, qui était utilisé pour le sulfatage par aspersion, et un antique pupitre de remuage horizontal, provenant d'un échange avec le musée d'Ay, également fort intéressant. ■

sites agrestes. À ces beautés naturelles s'ajoutent nombre de vieilles églises et surtout de châteaux. À *Saint-Martin d'Ablois*, à *Brugny-Vaudancourt*, à *Montmort,* dont Victor Hugo décrivait le château Renaissance tel « un ravissant tohu-bohu de tourelles, de girouettes, de pignons, de lucarnes et de cheminées ». On fera aussi halte à *Condé-en-Brie,* où vinrent Richelieu et Mazarin, à *Étoges,* qui possède l'un des plus importants châteaux de la région : construit du XIIIe au XVIe siècle, il est entouré de douves entretenues par des sources toujours jaillissantes et fermé par un élégant portail Renaissance.

Le château de *Montmirail* enfin, bâti en 1553 par Jacques de Silly, grand-père du cardinal de Retz qui y naquit, fut remanié par Le Tellier, père de Louvois, qui fit dessiner les jardins par Le Nôtre. Louis XIV s'y arrêta en 1587 et déplora l'absence d'eau dans les jardins. Trois semaines plus tard, de retour de Luxembourg, il eut la surprise de voir des fontaines. Louvois les avait fait installer en un temps record, en amenant sur la colline, par des canalisations longues de 4 km, des eaux captées dans la vallée du Petit Morin.

Mais, à Montmirail, on tourne presque le dos à la Champagne. D'ailleurs, il y a beaucoup de vergers et ici l'on boit du cidre.

Les raisins de l'Aube

Ce pétillant vin de Champagne, on le retrouve bien plus loin, entre l'Aube et la Seine. Le département de l'Aube, dans sa totalité, appartient depuis toujours à la Champagne. Troyes en fut même la

capitale et revendique encore ce titre. Les vignerons du département se révoltèrent au début du siècle, après la promulgation du décret du 17 décembre 1908 délimitant les terroirs ayant droit à l'appellation : l'Aube en était exclue. La guerre de 1914-1918 interrompit le débat sans apaiser les rancunes. Il fallut attendre 1927 pour que l'appellation « champagne » fût définitivement concédée aux récoltants aubois, à la condition qu'ils améliorent leur complants. Ce qu'ils firent et ce qui leur permet de produire aujourd'hui un champagne qui n'est pas dépourvu de qualité.

Les crus de Polisot et de Polisy (où le château de 1540 conserve de magnifiques carrelages émaillés de la fin du XVIe siècle), ceux de Merrey, de Bertignolles, de Vitry-le-Croisé, de Landreville s'inscrivent autour de Bar-sur-Seine, ainsi que celui d'Essoyes où reposent le peintre Auguste Renoir et son fils, l'acteur Pierre Renoir.

Bar-sur-Aube, patrie de Jeanne de Navarre et du philosophe Gaston Bachelard, est bâtie sur la rive droite de l'Aube et répartit ses vignobles autour de sa rivière, ceux, entre autres, des deux Colombé (Colombé-la-Fosse et Colombé-le-Sec). Sur la hauteur qui domine la ville, sainte Germaine fut décapitée sur l'ordre d'Attila.

À quelques kilomètres de là, en suivant la vallée de l'Aube, on peut visiter à Bayel une intéressante verrerie fondée en 1666, « les Cristalleries de Champagne ». Plus avant, se dresse l'ancienne abbaye de Clairvaux, fondée en 1115 par saint Bernard qui anima jusqu'à sa mort ce foyer du puissant ordre de Cîteaux, peuplé de 700 religieux. Supprimée à la Révolution, l'abbaye fut transformée au XIXe siècle en maison d'arrêt.

Reims
fleuron de la Champagne gothique

◄ L'imposante silhouette
de la cathédrale,
aux masses robustes,
aux lignes hardies.

▲ Les trois profonds portails
de la façade occidentale,
sculptés à profusion.

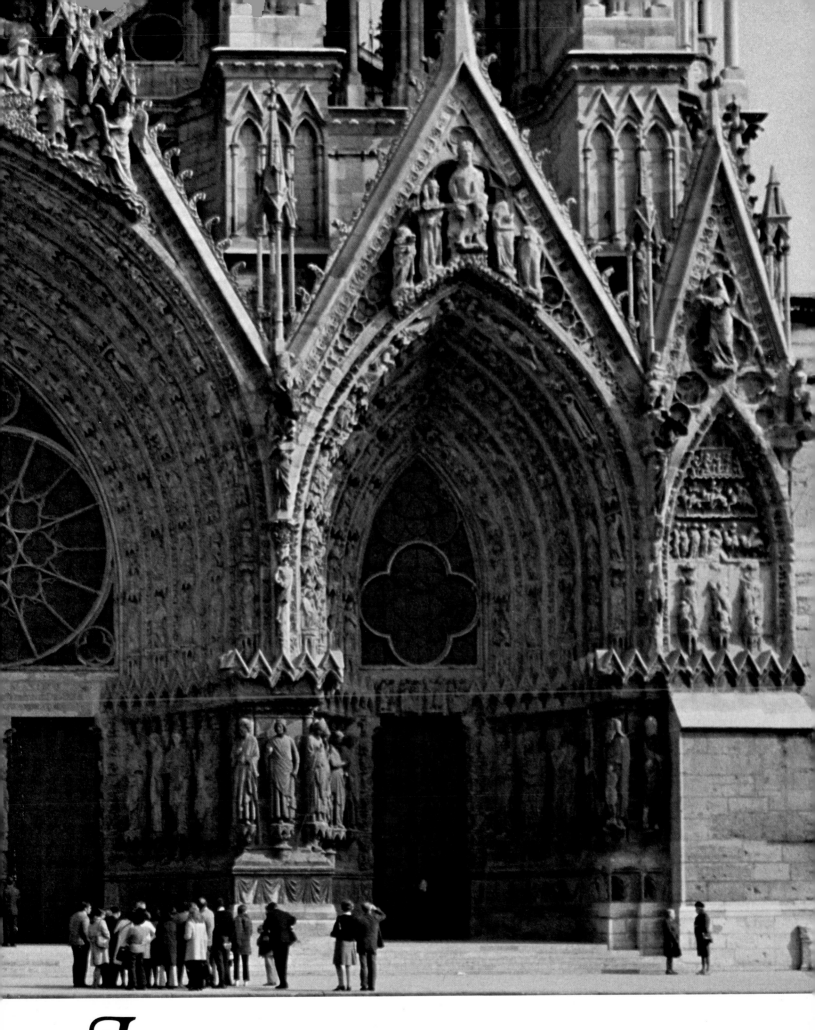

La cathédrale de Reims : une des grandes réussites architecturales du Moyen Âge et l'église du sacre liée à l'histoire de France.

*Notre-Dame de Reims
marque l'apogée
d'un gothique très sobre,
très dépouillé :
une armature légère
mais robuste,
de vastes baies
occupant la largeur
des travées,
une nef étroite
et longue,
une délicate composition
de pierre et de vitrail
pour le revers
de la façade occidentale.
Ses constructeurs
voulaient faire
de ce sanctuaire
l'image terrestre
de la Jérusalem céleste.*

▲ *Pièce maîtresse du trésor,
le calice de saint Remi,
dans lequel les rois de France
communiaient le jour
de leur sacre.*

L'Ange de l'Annonciation, ▶
placé sur l'ébrasement
du portail central,
devait, à l'origine,
être le pendant de l'Ange
au sourire.

L'Ange au sourire, ▶▶
l'une des œuvres
les plus originales
de la sculpture rémoise,
date du XIIIᵉ siècle.

Ceinturée de niches
qui abritent
des anges souriants
aux ailes déployées,
Notre-Dame de Reims
a été surnommée
la « cathédrale des Anges ».
Les plus célèbres d'entre eux
montent la garde
sur la façade principale.

▲ *Ornant le portail de gauche,*
saint Nicaise,
la tête tranchée
à la hauteur des sourcils,
est encadré par deux anges.

L'ancienne abbatiale
bénédictine Saint-Remi,
élevée à Reims
sur l'emplacement d'une chapelle
où le saint était enseveli,
allie la sobriété du roman
aux fioritures de la Renaissance
et aux recherches élaborées
des siècles ultérieurs.

Derrière le maître-autel, ▶
le tombeau de saint Remi,
élevé en 1847 mais décoré
de statues du XVIe siècle
provenant du mausolée antérieur.

La façade ouest, restaurée,
a gardé les caractères
de l'architecture romane, mais
▼ *seule la tour sud est ancienne.*

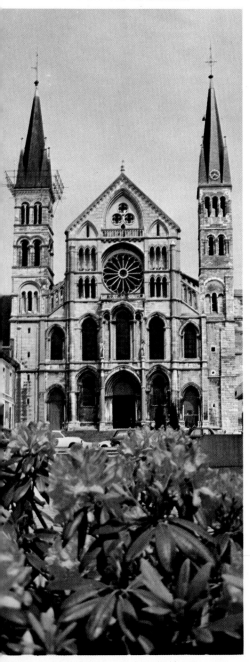

Dans une chapelle ▶
du bras droit du transept,
un saint-sépulcre
qui date de la première
moitié du XVIe siècle.

Double page suivante :
Ancien archevêché devenu musée prestigieux,
le palais du Tau renferme des moulages
de statues monumentales provenant de la cathédrale.
(Galerie du Couronnement de la Vierge et salle du Goliath.)

▲ *Palais du Tau (Reims) :*
la vaste salle où
avait lieu, autrefois,
le festin royal du sacre.

*P*lacée sur le chemin des invasions et des guerres, la Champagne a connu une histoire étroitement liée à celle du royaume de France. Elle fut même appelée à jouer un rôle politique important : c'est à Reims, en effet, que fut scellée l'union de l'Église et de la monarchie française. La cité champenoise devint alors la ville des rois, qui vinrent s'y faire sacrer. La puissance de ses archevêques étant grande, et ceux-ci intervinrent, à plusieurs reprises, dans les affaires dynastiques.

Centre religieux et économique, foyer intellectuel, bénéficiant d'une situation privilégiée dans l'une des plus grandes régions d'échanges d'Occident, Reims a été appelée à devenir un haut lieu de l'architecture chrétienne. Le renouveau artistique de l'époque carolingienne s'y manifesta par églises et abbayes. C'est cependant à l'âge gothique que la Champagne doit ses plus beaux sanctuaires, marqués d'un style original : ces joyaux portent gravée dans leur pierre l'intense ferveur du Moyen Âge. La cathédrale de Reims en est le plus bel exemple.

Maintes fois anéantie...

Le 19 septembre 1914, alors que les premiers obus tombaient sur la *cathédrale Notre-Dame de Reims*, Albert Londres s'écriait : « Rien que par elle on se serait fait catholique. Les tours montaient si bien qu'elles ne s'arrêtaient pas à la pierre. On les suivait, au-delà d'elles-mêmes, jusqu'au moment où elles entraient dans le ciel. La cathédrale n'était pas suppliante comme celle de Chartres, à genoux comme celle de Paris, puissante comme celle de Laon, c'était la majesté religieuse descendue sur la terre. » Œuvre d'art incomparable, calcinée, mutilée par la guerre, «fantôme d'église au milieu d'un fantôme de ville » (Émile Mâle), elle revit pourtant aujourd'hui. Une patiente restauration, menée par l'architecte Henri Deneux, lui a rendu son aspect primitif. Certes les sculptures ont souffert, mais l'ensemble demeure un des témoignages les plus riches de la foi chrétienne du Moyen Âge.

Ce qui frappe d'abord, c'est l'unité de cette cathédrale. Unité d'autant plus surprenante que le sanctuaire connut une histoire mouvementée et qu'il fut remanié maintes fois. La première église fut aménagée sur les restes d'un édifice gallo-romain par saint Nicaise, au début du Ve siècle. Placée sous le vocable de la Sainte Vierge, elle vit sur son seuil son saint fondateur décapité par les Vandales et abrita, moins d'un siècle plus tard, le baptême du roi franc Clovis par l'évêque saint Remi. Cet événement n'eut de résonance qu'au IXe siècle, lorsque Louis le Pieux choisit de se faire sacrer en ce lieu par le pape Étienne Ier. La longue tradition du sacre venait de naître.

Le sanctuaire menaçant ruine, l'archevêque Ebbon entreprit sa reconstruction. Celle-ci, poursuivie par son successeur Hincmar, fut achevée en 862. Sans doute la cathédrale n'était-elle pas tout à fait au goût de l'épiscopat, car l'archevêque Adalbéron la remania au IXe siècle et la dota d'un clocher-porche, que l'archevêque Sanson remplaça, au XIIe siècle, par une façade dans le style de celle de Saint-Denis. Un incendie, le 6 mai 1210, obligea à reconstruire le sanctuaire. Un an après la catastrophe, l'archevêque Aubri de Humbert posait la première pierre de l'édifice actuel. Ralentis par la guerre de Cent Ans et les épidémies qui décimaient les ouvriers, les travaux s'échelonnèrent jusqu'au XVe siècle, brutalement interrompus par un nouvel incendie, le 25 juillet 1481. On releva alors les parties détruites sans rien ajouter à l'architecture.

Le XVIIe et le XVIIIe siècle ne touchèrent guère l'église, sinon à l'intérieur : suppression de la clôture du chœur, du jubé et des stalles, changement des autels, ainsi que de certains vitraux. Curieusement épargnée par la Révolution et rendue au culte en 1795, la cathédrale de Reims célébra, en 1825, le sacre du dernier roi de France, Charles X. Au cours du XIXe siècle, de grands architectes, tel Viollet-le-Duc, effectuèrent quelques restaurations. Mais ce fut bientôt la Grande Guerre, dont la cathédrale fut l'une des plus grandes victimes.

De talentueux maîtres d'œuvre

Telle qu'elle se présente aujourd'hui, la cathédrale est celle que l'archevêque Aubri de Humbert voulut digne des cérémonies royales. Comme l'écrivit Maurice Eschapane, ce «n'est pas seulement un édifice abritant des fidèles, c'est en même temps, gardée par son enceinte de tabernacles abritant des anges aux ailes déployées, l'image en ce bas monde de la Jérusalem céleste ». Une surface de 6 600 m² environ, un vaisseau long de 149,17 m hors œuvre, haut de 38 m sous voûte, large de 49,45 m au transept, une façade haute de 81 m au sommet des tours. Enfoncé de 8 m dans la roche crayeuse de Champagne, ce sanctuaire constitue l'un des plus grands moments de l'art gothique.

Notre-Dame de Reims eut-elle un ou plusieurs maîtres d'œuvre? La question est parfois encore discutée, bien qu'un labyrinthe, jadis gravé dans le pavé de la nef (il fut enlevé en 1779), ait apporté une réponse. Aux quatre coins de ce labyrinthe figuraient les effigies de quatre architectes, avec des inscriptions permettant de recréer la marche progressive des travaux. Jean d'Orbais, «qui encommença la coeffe de l'église», fut le premier et le plus important : il apporta les plans, entreprit le chevet, le transept et une partie de la nef. Ses

La « cathédrale des Anges »

Les dommages provoqués par les incendies et les obus, la fragilité de la pierre calcaire qui se délite sous les intempéries ont contribué à altérer les richesses sculpturales de la cathédrale de Reims. Aussi a-t-on dû déposer un certain nombre de statues très abîmées et les remplacer par des copies. Les sculptures s'orchestrent autour de thèmes essentiels, qui apparaissent nettement : le Christ Sauveur, la Vierge, les saints et les martyrs vénérés à Reims, les évêques de Reims et les rois de France sacrés en ces lieux.

Cette iconographie — près de 2 300 sculptures — s'échelonne sur près d'un siècle et demi et plusieurs ateliers furent appelés à y travailler. On s'accorde à penser qu'un premier atelier y œuvra vers 1210-1215, et l'on sent dans sa facture une influence antiquisante en même temps qu'une inspiration empruntée à Chartres. Comme l'affirme Émile Mâle, « pendant au moins un quart de siècle, les maîtres de Reims ont eu les yeux fixés sur les portails de Chartres. Cette œuvre, où il y a tant de génie, restait pour eux le grand modèle, et ils ne cessaient, malgré toute leur science, de lui demander des inspirations ». Corps minces, attitudes hiératiques, verticalité des lignes : les 5 statues des précurseurs du Christ (côté droit du portail de droite de la façade ouest) évoquent en effet Chartres, de même que le Christ du Jugement dernier (tympan du portail du transept nord).

Le deuxième atelier se situerait vers 1240 et serait à l'origine des chefs-d'œuvre de la façade,

▲ *Cathédrale de Reims :*
dans le gable du portail central,
le couronnement
de la Vierge par son Fils.

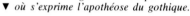

Notre-Dame de Reims,
la cathédrale du sacre,
un étonnant agencement de pierres
▼ *où s'exprime l'apothéose du gothique.*

successeurs respectèrent probablement les projets de ce génial créateur. Lorsque le chapitre prit possession du chœur en 1241, l'architecte était Jean le Loup, qui commença les portails ouest et continua les travées orientales de la nef. Gaucher de Reims ne travailla pas moins de 38 ans : il plaça les statues, acheva l'extraordinaire portail central en en édifiant le revers. Quant à Bernard de Soissons, qui œuvra 35 années, il compléta les travées occidentales de la nef et bâtit la façade ouest jusqu'à la naissance des tours, en y dessinant la grande rose.

Au centre du labyrinthe, un cinquième personnage était représenté. D'aucuns y virent Aubri de Humbert, le prélat fondateur. D'autres, comme Viollet-le-Duc, optèrent pour l'architecte Robert de Coucy, mort en 1311 et auquel, à l'heure actuelle, on attribue l'achèvement de la façade ouest, avec la galerie des Rois, et la construction des galeries à la base de la toiture.

Harmonie et verticalité

Malgré la diversité des maîtres d'œuvre, l'architecture de la cathédrale séduit par son homogénéité, l'équilibre de ses lignes, l'harmonieuse répartition de ses volumes.

À l'intérieur, le vaisseau, en forme de croix latine, est entièrement voûté sur croisées d'ogives, ce qui répond à un souci d'élévation et de légèreté. Le plan est des plus simples : une nef à dix travées, longue, étroite et flanquée de bas-côtés; un transept comptant deux travées à chaque croisillon et pourvu de collatéraux; un chœur à deux travées, terminées par un hémicycle, avec déambulatoire ouvrant sur cinq chapelles rayonnantes. La place accordée au culte est ici très importante : un autel à la croisée du transept, un autre au creux de l'hémicycle.

Partout, l'élévation est à trois étages. Au niveau le plus bas, ce sont de grandes arcades soutenues par des piles cylindriques, cantonnées de quatre petites colonnes couronnées de chapiteaux à délicate décoration de feuillages. À l'étage intermédiaire, une zone aveugle correspondant à l'appui des toitures qui coiffent les collatéraux : s'y inscrivent les arcatures du triforium. Au-dessus, de hautes fenêtres laissent passer la lumière. Chacune occupe la largeur d'une travée et dessine une rose polylobée au-dessus de deux lancettes séparées par un meneau. Des baies comparables éclairent les parties basses du sanctuaire, d'autant mieux qu'au XVIIIe siècle les chanoines substituèrent des verres blancs aux vitraux d'origine.

Mais l'élément le plus remarquable de ce vaisseau est le mur qui ferme la nef à l'ouest. C'est un ouvrage unique dans l'histoire de l'art gothique. Le haut de ce revers de façade, ajouré, renferme une influencés par la cathédrale d'Amiens : des volumes simplifiés, des vêtements aux plis larges et profonds, des mouvements plus calmes, des visages sereins. La Vierge de l'Annonciation, celle de la Présentation et le roi David du portail central relèvent de cette facture.

Enfin, le troisième atelier créa un style champenois original, avec des corps pleins de souplesse, des visages gracieux et vifs, aux yeux bridés, aux bouches souriantes. C'est la servante de la Présentation, l'Ange au sourire, celui de l'Annonciation et tous les anges abrités par les pinacles des contreforts qui firent d'ailleurs baptiser le sanctuaire « cathédrale des Anges ». Les sculptures du revers de la façade appartiennent aussi à cette période. ∎

▲ *Notre-Dame de Reims :*
la rose du croisillon sud
est une belle réussite
de l'art moderne du vitrail.

Contreforts de la nef
de Notre-Dame de Reims :
allégés par des tabernacles
coiffés de pinacles,
▼ *ils abritent des anges.*

grande rose, de quelque 12 m de diamètre. Au-dessous, le triforium bénéficie de la lumière dispensée par neuf verrières, une par arcature. Enfin, le dos du portail comporte, au niveau du tympan, une rose plus petite et, de part et d'autre, dans la muraille, une superposition de sept rangées de niches abritant 52 statues. Le tout est d'une conception audacieuse et plein de finesse.

La même recherche de verticalité, le même souci de mêler architecture et sculpture se retrouvent à l'extérieur du sanctuaire. La forme du chevet est complexe à cause de ses nombreuses chapelles rayonnantes. Les murs à pans des chapelles séparés par d'épais contreforts surmontés d'un pinacle portant une croix et abritant les grandes statues d'anges souriants qui ont valu à la cathédrale le surnom de « cathédrale des Anges », la galerie à arcatures dissimulant les toitures des chapelles et décorée d'animaux fabuleux, les arcs-boutants à double volée du chœur, la galerie aveugle et crénelée courant à la base de la toiture : tous ces volumes s'organisent dans un

Les verrières de Reims

La cathédrale de Reims n'a pas eu la même chance que celle de Chartres, et, si la lumière envahit largement le sanctuaire, c'est à travers les verres blancs qui ont remplacé ses vitraux. Néanmoins, grâce à l'admirable restauration effectuée par les ateliers du maître verrier Simon, les verrières qui subsistent parviennent à nous donner une idée de l'art rémois du vitrail au XIIIe siècle.

Leur iconographie reprend ou complète les thèmes exprimés par les sculptures extérieures de l'église. Ainsi la rose occidentale, qu'il faut voir au soleil couchant quand la lumière est la plus riche, est consacrée à Notre-Dame : la mort de la Vierge au centre; les Apôtres dans les médaillons; et, tout autour, des

équilibre parfait au pied de la fine flèche en bois et plomb élevée au XVIe siècle — le clocher à l'Ange — surmontée d'un ange-girouette.

Les façades latérales retiennent aussi l'attention. Les contreforts suivent le rythme des travées intérieures. Des pinacles, supportés par de gracieuses colonnettes, servent de dais à des anges aux ailes déployées. Une galerie ajourée masque le chéneau à la base du toit. Des gargouilles ornent les contreforts.

Pour compléter cette harmonie de pierre, les façades des transepts dressent sous des pignons ouvragés de belles compositions gothiques : une galerie ouverte avec sept statues de prophètes; plus bas, entre des baies géminées, une rose, encadrée par des statues (Adam et Ève, au nord; l'Église et la Synagogue, au sud); plus bas encore, trois oculi entre des arcatures aveugles; et, tout en bas, côté nord, trois portails dissymétriques. Côté sud, aucune ouverture. Les portails nord réunissent des sculptures d'abord destinées à la façade principale. Moins travaillé que les autres, celui de droite donnait autrefois accès au cloître des chanoines. Sur son tympan : une Vierge à l'Enfant trônant sous un dais. Tout à gauche, le portail du Jugement dernier avec, au trumeau, le Christ bénissant, que la Grande Guerre décapita. Plus grand, le portail central est consacré aux saints et martyrs de Reims.

Le « Sourire de Reims »

« Une des plus splendides conceptions du XIIIe siècle », ainsi Viollet-le-Duc qualifiait-il la façade occidentale de la cathédrale de Reims, à l'étonnant lyrisme et au décor foisonnant. L'élan des lignes n'est freiné ni par les cordons transversaux ni par la galerie des Rois qui, à 50 m du sol, semble ne rassembler le faisceau des verticales que pour mieux le relancer vers le ciel. L'ordonnance des volumes pourrait évoquer Notre-Dame de Paris. Mais, en fait, la structure est très différente.

Les portails, au nombre de trois — ils correspondent aux vaisseaux intérieurs —, font saillie avec de profondes voussures à 5 cordons et des tympans garnis de vitraux. Des gables élégants les surmontent. Les deux contreforts, aux angles de la façade, se prolongent aussi par des gables, plus effilés encore, qui rejoignent les précédents. Sur cette partie basse, la sculpture joue un rôle prépondérant. Chaque détail a son importance. Il s'agissait pour les maîtres d'œuvre médiévaux d'offrir un livre d'images au croyant illettré pour lui expliquer les saints mystères. Des statues occupent les piédroits des portails (5 pour chaque ébrasement). Voussures et gables se parent à profusion de décors. Ainsi lit-on sur le portail de gauche l'histoire des saints et des martyrs, liée aux souffrances du Christ; les voussures anges musiciens, des prophètes, des rois ancêtres du Christ. Au-dessous, les verrières du triforium représentent un sacre. La rose nord a pour thème la Genèse.

Les fenêtres hautes des croisillons sont ornées de grisailles depuis le XIIIe siècle. Les vitraux de l'abside, les plus anciens, sont consacrés aux différents évêchés dépendant autrefois de Reims, à des scènes de la vie des Apôtres et des Évangélistes, avec, au centre, le Christ en croix entre sa mère et saint Jean, ainsi qu'une Vierge assise portant l'Enfant.

Jacques Simon créa aussi des œuvres nouvelles, telle la petite rose qui s'orchestre autour de la Vierge, tels les vitraux de la façade sud du transept et les roses des tympans à l'ouest. Compositions modernes qui tiennent grand compte de

▲ *L'une des tapisseries représentant la vie de la Vierge qui ornent, durant l'été, les bas-côtés de la cathédrale de Reims.*

Basilique Saint-Remi de Reims : la « couronne de lumière », dont les 96 lumières symbolisent
▼ *les 96 années de la vie du saint.*

l'iconographie médiévale.

Quant à Marc Chagall, il apporta son génie pictural aux vitraux de la chapelle axiale. Sur fond bleu, se détachent des formes colorées représentant l'Arbre de Jessé, des scènes de la vie d'Abraham, le Christ en croix, la Résurrection et quelques moments de la vie des rois de France. Des œuvres toutes empreintes de poésie et de spiritualité. ■

De riches tapisseries

D'avril à octobre, la cathédrale de Reims retrouve sa parure d'autrefois, imaginée au XVIe siècle par l'archevêque Robert de Lenoncourt, désireux d'agrémenter ses puissants murs nus. Il s'agit d'une suite de 17 tapisseries « à fond

représentent la Passion, le gable la Crucifixion. Les grandes statues sont remarquables, surtout un saint Nicaise à la calotte crânienne tranchée, encadré de deux anges : à gauche, une œuvre un peu antiquisante; à droite, le célèbre « Ange au sourire », restauré après 1918. Ce dernier doit à son sourire d'être la statue la plus admirée de la cathédrale. Le portail de droite illustre la Fin des temps, avec, au gable, hélas endommagé, le Christ et l'Apocalypse, entouré d'anges portant les instruments de la Passion et, sur les voussures, les visions de saint Jean. Cette prodigieuse composition iconographique trouve son apogée sur le portail central avec la vie et glorification de la Vierge. Une Vierge à l'Enfant est adossée contre le trumeau. Le gable figure le couronnement de la Vierge. Dans les ébrasements : à droite, l'Annonciation et la Visitation; à gauche, la Présentation au Temple. L'Ange de l'Annonciation devait, semble-t-il, à l'origine, être le pendant du « sourire de Reims », dont il est très proche par la facture. Les voussures présentent des scènes de la jeunesse de la Vierge.

En progressant en hauteur, la sculpture, moins à portée de l'œil, se fait moins dense et plus monumentale. Selon Émile Mâle, c'est la « Politique tirée de l'Écriture sainte » qui se trouve ici illustrée. Modèles et leçons sont proposés aux rois. Au-dessus des portails, la grande rose s'insère sous un arc sculpté représentant des scènes de la vie de David et de Salomon, entre 4 baies géminées. Les pinacles qui soulignent l'avancée des contreforts abritent les pèlerins d'Emmaüs. Un relief gigantesque relate, au-dessus de la rose, le combat de David contre Goliath. Et la célèbre galerie des Rois ceinture de ses arcatures serrées la base des tours. Rois de Juda ? Rois de France ? On ne sait. Ce sont 63 statues imposantes, d'environ 4,50 m de hauteur et pesant de 6 à 7 tonnes, qui datent du XIVe siècle et qui sont de facture inégale. Enfin, émerge le pignon de la nef entre de gracieuses tours, cantonnées aux angles de tourelles ajourées (XVe s.). Manquent seulement les flèches que les constructeurs n'ont pas eu le temps de leur donner.

Cette façade de Reims, qui mêle si étroitement la sculpture à l'architecture, démontre bien, comme le dit Maurice Eschapane, que « l'un des plus grands mérites du style gothique est d'avoir atteint cet équilibre entre un « fonctionnalisme » qui affirme franchement les nécessités, les partis pris de la construction, et la profusion ornementale, le foisonnement du décor ».

Sur le tombeau de saint Remi

Reims, quasi anéantie par la guerre de 1914-18, s'est aujourd'hui relevée de ses ruines, transformée, rajeunie. Les plus beaux vestiges qu'elle a pu garder de son passé ont été restaurés. Car il n'y a pas que de fleurettes », tissées à Reims ou peut-être à Tournai, et consacrées à la vie de la Vierge. Ainsi se succèdent l'Arbre de Jessé, Anne et Joachim renvoyés du Temple, la rencontre de Joachim et d'Anne à la porte Dorée, la naissance de la Vierge, la présentation de Marie au Temple, ... jusqu'à la dormition de la Vierge, l'Assomption et le couronnement de la Vierge. Chaque scène se déroule dans un cadre identique, sous un portique Renaissance. ∎

Le palais du Tau

Ainsi baptisa-t-on au XIIᵉ siècle le siège épiscopal de Reims en raison de son plan en forme de T. Cet archevêché connut, en fait, plusieurs palais, car l'épiscopat remonte au milieu du IIIᵉ siècle et, tout au long du Moyen Âge, on procéda à des reconstructions successives de la résidence de l'archevêque. Il en reste la chapelle palatine, attribuée à Jean d'Orbais. Ce sanctuaire, à deux étages, a précédé de quinze ans la Sainte-Chapelle de Paris, qu'elle n'est pas sans évoquer. Quant au palais des Archevêques, il n'a gardé du XVᵉ siècle que la grande salle du Tau, où se déroulait le banquet royal suivant la cérémonie du sacre. Longue de 31,67 m, large de 11,60 m, coiffée d'une voûte en carène, éclairée par de hautes fenêtres à meneaux, cette superbe salle gothique fut parfaitement reconstituée après l'incendie qui endommagea l'édifice en 1914.

Le reste du palais fut dessiné, à la fin du XVIIᵉ siècle, par Mansart et Robert de Cotte, qui y introduisirent

▲ *Reims : devant l'hôtel Le Vergeur, sur la place du Forum, des fouilles ont mis au jour des galeries souterraines appelées « crypto-portiques ».*

la cathédrale. Il y a aussi, émergeant d'un quartier rénové, au flanc d'une colline où serpentent dans la craie les caves à vins de Champagne, l'*ancienne abbatiale bénédictine Saint-Remi*. Celle-ci fut bâtie à partir de 1035 sur l'emplacement d'une chapelle où saint Remi était enterré. Des transformations et des ajouts ultérieurs en font un résumé harmonieux de 700 ans d'architecture.

À l'intérieur, la longueur du vaisseau — 121,60 m hors œuvre — égale presque celle de Notre-Dame de Paris. La modeste largeur (28 m) accentue cet étirement. La nef romane, à treize travées, est flanquée de bas-côtés assez bas dont la séparent des arcades en berceau aux chapiteaux sculptés (feuillage et animaux). Au-dessus de ces arcades, des tribunes. Les voûtes ogivales qui couvrent nef, collatéraux et tribunes datent du XIIᵉ siècle. Au haut de la nef baignant dans la pénombre, une « couronne de lumière », de 6 m de diamètre, symbolise par ses 96 bougies, aujourd'hui électrifiées, les 96 années de la vie de saint Remi. Mais la partie la plus belle de l'église est le chœur où le plein cintre a partout cédé la place à l'ogive. Une clôture ajourée au XVIIIᵉ siècle, mais encore de style Renaissance, enferme les 4 étages du chœur. À l'étage des tribunes et, au-dessus du triforium, au niveau supérieur, la lumière pénètre abondamment par des baies dont le maître verrier Jacques Simon a réussi à restaurer les vitraux. Un déambulatoire aux sveltes piliers ouvre sur les cinq chapelles rayonnantes du chevet. Les 33 fenêtres de celui-ci représentent la Crucifixion, les douze Apôtres, les prophètes et les archevêques de Reims. Enfin, on peut voir dans le « saint des saints » le tombeau de saint Remi, réédifié au siècle dernier, mais orné des statues provenant du tombeau du XVIᵉ siècle.

La légèreté intérieure de ce sanctuaire surprend d'autant plus que l'extérieur donne une impression de puissance. Deux tours carrées, coiffées de flèches et hautes de 56 m (la tour sud est romane, l'autre fut refaite au XIXᵉ s.), flanquent la façade occidentale dont les parties basses remontent au XIIᵉ siècle. De part et d'autre du portail central, les statues de saint Pierre et de saint Remi sont portées par des colonnes de marbre gallo-romaines. La façade sud du transept (la seule visible, l'autre étant intégrée à l'abbaye), porte la marque du style flamboyant. Le chevet, lui, appartient au gothique primitif. Ses contreforts sont d'une conception très archaïque. Ce qui n'enlève rien à la majesté de l'étagement des volumes.

Jouxtant la basilique Saint-Remi, les bâtiments conventuels, construits aux XIIᵉ-XIIIᵉ siècles, et remaniés aux XVIIᵉ-XVIIIᵉ, firent longtemps office d'hôpital. Aujourd'hui ils abritent un musée historique et lapidaire. On y visite le cloître aux galeries voûtées d'ogives (bien que du XVIIIᵉ s.), la cuisine (XVIIᵉ s.), le réfectoire, la salle des moines et la salle capitulaire gothique où l'on a découvert de magnifiques arcades du XIIᵉ siècle noyées dans la maçonnerie.

Les forums de Reims

Le *vieux Reims* s'étale à l'ouest de la cathédrale. Sur 14 000 maisons, 80 seulement restaient intactes le 11 novembre 1918. Les obus allemands les avaient si profondément atteintes, qu'ils avaient révélé la présence de vestiges gallo-romains.

Jules César avait en effet installé chez les Rêmes son quartier général et en avait fait la capitale de la province de la Belgique seconde. Elle se couvrit donc de monuments, plus tard saccagés par les grandes invasions. On a retrouvé sous la place du Forum des magasins de subsistances constitués par deux salles de 60 m environ, séparées par douze piliers quadrangulaires et voûtées à 5,70 m du sol. Ces ruines remonteraient au IIᵉ siècle. De l'occupation romaine date aussi la porte Mars, arc de triomphe d'ordre corinthien qui fut longtemps incorporé aux remparts de la ville. Longue de 33 m, haute de 13,50, cette porte arbore encore sous ses voûtes des caissons sculptés où l'on distingue avec grande netteté Jupiter et Léda, Romulus et Remus. D'autres bas-reliefs illustrent les douze mois de l'année.

C'est un passé plus récent qu'évoquent la façade Louis XIII de l'hôtel de ville, les quelques hôtels particuliers épargnés par la guerre (hôtel de Muire du XVIᵉ s., en brique et en pierre, maison gothique dite « des comtes de Champagne », hôtel Renaissance, où naquit saint Jean-Baptiste de la Salle), ainsi que la place Royale, édifiée au XVIIIᵉ siècle sur les plans de Legendre.

Mais le passé de Reims est plus présent encore dans les musées. Le *musée Saint-Denis,* établi dans le quartier abbatial d'un monastère de génovéfains, réunit des œuvres du Moyen Âge à nos jours. On peut y admirer les sculptures de la maison des Musiciens (XIIIᵉ s.), aujourd'hui disparue, les prestigieuses tapisseries de la vie de saint Remi (XVIᵉ s.) et toute une série de portraits par Cranach l'Ancien et Cranach le Jeune. À ces richesses s'ajoutent des toiles de l'école française (Philippe de Champaigne, les frères Le Nain, Poussin, Boucher, David), 27 toiles de Corot, des dessins et des peintures du Rémois Forain... L'*hôtel Le Vergeur,* sur la place du Forum, est un élégant édifice des XIIIᵉ-XVᵉ siècles. Il offre sur cour une harmonieuse façade Renaissance décorée d'une frise figurant des combats singuliers et a conservé une salle gothique éclairée par des fenêtres à rosaces. De précieux meubles du XVIIIᵉ siècle y sont exposés et surtout une importante collection de gravures de Dürer, parmi lesquelles « l'Apocalypse » et « la Grande Passion ». C'est dans la « Salle de guerre » du lycée technique, restée telle qu'elle était le 7 mai 1945, que les plénipotentiaires allemands signèrent la capitulation du IIIᵉ Reich. Mais ne peut-on tenir pour musée la centaine de kilomètres de caves creusées dans la craie, qui, des persécutés du IIIᵉ siècle aux la rigueur du style Louis XIV, faisant disparaître la belle façade flamboyante que l'archevêque Briçonnet avait fait édifier sur la cour à la fin du XVe siècle.

À l'heure actuelle, la résidence archiépiscopale est devenue musée. Documents, tapisseries, sculptures retracent les grandes heures de la cathédrale de Reims. Voici le Couronnement de la Vierge, ensemble magistral de 24 t, un Pèlerin d'Emmaüs, haut de 3,63 m, des statues de la galerie des Rois, et bien d'autres œuvres déposées pour leur éviter une plus grande dégradation. Voici des tapisseries, notamment celles du Flamand Daniel Pepersack données à la cathédrale par l'archevêque Henri de Lorraine en 1644. Dans la salle du Tau sont exposées les deux plus merveilleuses pièces, d'environ 5 m sur 9 m-

9,50 m, tissées à Arras au XVe siècle et narrant « l'Histoire du Fort Roi Clovis » en un fourmillement de personnages et de couleurs. Enfin, les témoignages du sacre nous le font mieux voir : vêtements et panneaux de carrosses de Charles X, moquettes d'Abbeville rouge et or que l'on jeta sous les pas du roi.

Dans deux chambres fortes de la chapelle archiépiscopale se trouve le *trésor*, qui se compose, entre autres, du talisman de Charlemagne et du calice du sacre, dit « de saint Remi ». Datant du XIIe siècle, celui-ci est en or pur rehaussé d'émaux et de pierres précieuses. Il vit le sacre de tous les rois de France jusqu'à Louis XVI et dut sans doute à l'inscription « Anathème à quiconque touchera ce calice » d'échapper à la fonte ordonnée par les révolutionnaires. Ces deux pièces

▲ *L'église de Saint-Amand-sur-Fion : le portail, datant du XIIe siècle, est abrité par un beau porche à arcades.*

La porte Mars à Reims : un majestueux arc de triomphe élevé en l'honneur d'Auguste ▼ *au début du IIIe siècle.*

réfugiés du XXe, ont gardé la mémoire des tribulations rémoises ? Là résidèrent quatre ans durant, avant que le plus célèbre des grands vins français en prît possession, toute l'administration de la ville, sa police, ses hôpitaux, ses écoles.

Le peintre franco-japonais Léonard Foujita (1886-1968), qu'une visite à Saint-Remi bouleversa au point qu'il se fit catholique, a construit à Reims une chapelle de style roman et l'a décorée de ferronneries, de fresques stylisées et de vitraux, émouvants par leur puissance d'inspiration : scènes de l'Ancien et du Nouveau Testament se prêtent à des compositions aux lignes souples, inspirées de l'art oriental, où se mêlent ors, bleus, jaunes, verts et rouges-bruns. Tout invite au recueillement dans ce sanctuaire protégé des bruits de la ville par un petit enclos gazonné.

« Châlons est humble, Châlons se cache »

La capitale officielle de la Champagne vit dans la discrétion et l'humilité, à l'écart des chemins touristiques. Pourtant, de par sa situation sur le grand axe mer du Nord-Méditerranée et sur la vallée de la Marne, *Châlons-sur-Marne*, l'antique *Catalaunum*, joua très tôt le rôle d'étape et fut appelée à des fonctions militaires. À ses portes, dans la vaste plaine crayeuse qui la cerne, se déroula en 451 la rude bataille des champs Catalauniques au cours de laquelle Romains, Francs, Wisigoths évincèrent les Huns menés par Attila. Occupée une semaine par les Allemands lors de la Grande Guerre, la cité eut à souffrir plus tard des bombardements de 1940. Aujourd'hui « métropole » régionale, carrefour tant routier que ferroviaire et fluvial, Châlons est promise à un bel avenir. D'autant que l'exceptionnelle évolution agricole de la Champagne, jadis « pouilleuse », fait de cette région l'un des meilleurs producteurs céréaliers de France et devrait promouvoir des industries de transformation.

Il reste à Châlons des monuments dignes d'intérêt évoquant son passé de ville de comté et la prospérité qu'elle connut au Moyen Âge sous la férule des évêques. Rien d'étonnant donc à ce que l'architecture religieuse y ait été importante, réadaptée aujourd'hui aux besoins de la vie moderne. L'école des Arts et Métiers loge au séminaire (XVIIe s.) et au couvent des « Dames régentes » (XVIIIe s.). L'école normale d'instituteurs possède une splendide salle ogivale au couvent de Toussaint, et plusieurs églises témoignent de la belle floraison architecturale religieuse dans ces marches de l'Est.

C'est du confluent du Mau et du Nau qu'il faut voir *Notre-Dame-en-Vaux* dresser à 65 m ses deux élégantes flèches et composer ainsi, avec les quais et le pont, un admirable tableau. Des flèches, elle en avait jadis quatre, mais la tourmente révolutionnaire n'a épargné que précieuses sont encadrées de trois rarissimes reliquaires du XVe siècle, présents des rois Henri II et Henri III à l'issue de leur sacre. Ce sont les reliquaires de la Sainte Épine, de la Résurrection et la Nef de sainte Ursule. On peut aussi voir des objets liturgiques des XIe et XIIe siècles.

La chapelle privée des archevêques a reçu comme garniture d'autel les six chandeliers en vermeil que l'orfèvre Auguste livra, en 1809, pour le mariage de Napoléon et de Marie-Louise, célébré dans le salon Carré du Louvre. ■

En Perthois

En contrebas de la falaise orientale de la Champagne, entre la vallée de la Marne et la forêt domaniale de Trois Fontaines, s'étale une vaste plaine d'alluvions, le Perthois.

Région extrêmement fertile dont la capitale est *Vitry-le-François*. Cette ancienne ville forte, bâtie au point de rencontre de plusieurs vallées (Marne, Saulx, Blaise, Ornain, Chée), fut ravagée au cours de la dernière guerre et reconstruite suivant son plan d'origine. Aucun souvenir du passé donc, sinon l'église Notre-Dame datant des XVIIe et XVIIIe siècles, et l'hôtel de ville, installé dans un couvent des Récollets (XVIIe s.).

Alentour, le village de *Vitry-en-Perthois*, au bord de la Saulx, reconstruit après l'incendie de 1544, possède les restes d'une forteresse médiévale et une église en partie de la première Renaissance.

On peut aussi voir — et surtout visiter — *Saint-Amand-sur-Fion* qui a conservé de vieilles fermes à pans de bois. L'église, remarquable édifice de pierre ocrée, mêle roman et gothique. Son architecture n'est pas sans rappeler celle de la cathédrale de Châlons-sur-Marne. Rien d'étonnant à cela : Saint-Amand fut propriété des chanoines de Châlons. Abrité par un porche en bois, le portail est du XIIe siècle. La nef à trois travées, flanquée de bas-côtés, date de la fin du XIIe siècle, avec des voûtes d'ogives refaites au XVe. Le chœur et le transept (XIIIe s.) composent un bel ensemble de style gothique champenois. L'abside, voûtée de croisées d'ogives, compte cinq chapelles rayonnantes; trois étages de fenêtres l'éclairent, avec, au niveau intermédiaire, un élégant triforium à claire-voie. Le tout est plein d'harmonie. ■

▲ *Isolée au milieu des cultures, une oasis de verdure entoure l'église du village de Moivre.*

Châlons-sur-Marne : l'ancienne collégiale Notre-Dame-en-Vaux, dont l'austère façade romane ▼ *domine le canal du Mau.*

celle qui donnait l'heure : elle contenait les 56 cloches de ce qui fut longtemps l'un des plus importants carillons d'Europe. Quant à la statuaire, elle fut si impitoyablement martelée qu'on ne saurait dire ce qu'elle représentait. C'est pourtant l'une des plus belles églises de Champagne. Elle fut bâtie dans le style roman au début du XIIe siècle, mais le gothique primitif, né à la fin de ce siècle, a imprimé sa marque sur certains éléments. La façade romane, avec ses deux tours prolongées de flèches de plomb, est d'une grande sobriété. Le chevet est gothique primitif avec deux tours romanes; son étagement a exigé la surélévation du transept ainsi que celle de la nef, portée à quatre niveaux. En 1469 fut construit le porche abritant le portail méridional. Enfin, le vaisseau est d'une impressionnante beauté par l'harmonie des proportions et la pureté de la structure. La nef, voûtée d'ogives, conserve des piles à chapiteaux romans au niveau des tribunes. Au XVIe siècle furent percées les grandes baies qui éclairent les bas-côtés et qui sont ornées d'admirables vitraux de la même époque. L'église conserve une belle série de pierres tombales des XVIe et XVIIe siècles, quelques tableaux, et des travaux ont récemment mis au jour des vestiges d'un cloître détruit au XVIIIe siècle.

Les flèches de la ville

Construite de 1028 à 1603, l'*église Saint-Jean*, la plus ancienne paroisse de Châlons, dominée à la croisée du transept par un lourd clocher quadrangulaire du XVIIe siècle, se présente comme un ensemble de bâtiments imbriqués les uns dans les autres, qu'il faut laisser au soleil le soin de dégager à grands coups d'ombre et de lumière. Le sanctuaire est probablement antérieur à 1028, mais c'est de la fin du XIe siècle que datent la nef et les collatéraux très bas. Les vaisseaux sont séparés par sept grandes arcades aux chapiteaux archaïques. Des hauts murs, percés de petites fenêtres en plein cintre, soutiennent le berceau brisé en bois qui, au XIVe siècle, a remplacé la charpente primitive. Au début du XIIIe siècle fut bâti le chevet plat. Peu après, on édifia des chapelles à l'est du croisillon du transept. Puis vint, au XIVe siècle, la construction de la sobre façade, avec sa porte centrale, entourée de colonnettes et surmontée d'une triple fenêtre. Des fenêtres en arc brisé surmontent les portes latérales. À l'angle sud-ouest de l'église, la chapelle des Arbalétriers possède un joli décor flamboyant. On reconnaît sur la balustrade le martyre de saint Sébastien.

Moins ancienne, mais non moins imposante, la *cathédrale Saint-Étienne* de Châlons a beaucoup souffert au fil des temps. Il faut la découvrir par la façade latérale nord. Flanquée de contreforts et d'arcs-boutants à double volée, elle se présente comme un vaisseau

Au fil de la Moivre

Au sud-est de Châlons-sur-Marne, les eaux froides de la Moivre dessinent une de ces vallées verdoyantes qui viennent rompre la monotonie des horizons voués à la betterave et au blé. De modestes villages la jalonnent, chacun doté d'au moins une vieille église pleine d'intérêt. *Coupéville* possède une église des XIIᵉ et XIIIᵉ siècles, retouchée au XVᵉ. En forme de croix latine, à chevet rectangulaire, elle est remarquable par son clocher roman et son porche à colonnades (XIIIᵉ s.). Un porche comparable se retrouve au *Fresne*, dont l'église, d'époque romane, a été remaniée. Au-delà de Saint-Jean-sur-Moivre, capitale laitière, *Dampierre-sur-Moivre* dresse bien haut la tour de son église. L'abside est du

XVᵉ siècle. Un curieux portail décoré de chevrons ouvre sur une nef romane. Le sanctuaire de *Francheville*, de style gothique, se signale par un vitrail du XVIᵉ siècle et un devant d'autel du XVᵉ, figurant le Christ parmi les Apôtres.

Enfin, un peu à l'écart de la vallée de la Moivre, *Marson* mérite visite pour son église. Une tour romane jouxte la nef. Le transept double et le chevet polygonal sont « flamboyants ». Le bas-côté méridional, rebâti en 1598, montre un beau portail.· ■

Les vitraux de Châlons

On ignore tout des maîtres du vitrail qui ont laissé à Châlons d'incomparables chefs-d'œuvre. On sait seulement qu'ils illustraient

→

étroit et haut, du plus pur style gothique : il ne lui reste de roman que la tour nord et une partie de la crypte. Après l'incendie de 1230, la reconstruction a été si lente qu'elle a usé des générations de bâtisseurs. On acheva d'abord l'abside à cinq pans, le transept et les trois premières travées de la nef. Les trois suivantes furent édifiées au XVᵉ siècle, d'après les modèles du XIIIᵉ, et les deux dernières au XVIIᵉ, par les dix « maîtres massons et leurs enfants » qui greffèrent sur le magnifique corps gothique de Saint-Étienne une curieuse façade occidentale classique. En forme de croix latine, la cathédrale, longue de 100 m environ, comporte une nef à neuf travées, haute de 27 m et flanquée de bas-côtés et un chœur à cinq pans. Sur le déambulatoire s'ouvrent trois chapelles rayonnantes, deux autres s'encastrant entre celles-ci et les deux qui flanquent le transept. Mais le morceau de bravoure, ce sont les grandes baies percées au-dessus du triforium au XVIᵉ siècle. À peine séparées par un pilier, elles constituent un véritable mur de verre et sont contrebutées par des arcs-boutants qui s'affinent graduellement vers le haut, en gables, puis en pinacles. Les chapelles intérieures construites aux XVIᵉ et XVIIᵉ siècles ont été supprimées au XIXᵉ, dégageant ainsi la perspective à l'extérieur. Saint-Étienne possède un superbe ensemble de vitraux du XIIᵉ au XVIᵉ siècle. À cela s'ajoutent un important et riche mobilier, un gisant en bas relief du XVIᵉ siècle, deux sculptures de même époque, un Saint Louis (XVIIᵉ s.). Parmi les nombreux tableaux, on retiendra une peinture du XVᵉ siècle, « Dédicace de la cathédrale ». Une importante collection de pierres tombales confirme l'existence d'un atelier spécialisé à Châlons.

Saint-Alpin est la plus petite et la plus émouvante des églises de Châlons. À peine dégagée par la largeur d'une rue des vieilles maisons qui l'entourent, elle vient d'être magistralement restaurée. Du roman à la Renaissance, en passant par le XVIIᵉ siècle qui l'a dotée, à la croisée du transept, d'un assez lourd clocher quadrangulaire, elle a été fortement remaniée, mais toujours avec un certain bonheur. Ainsi, sur sa façade occidentale, en partie du XVᵉ siècle, la présence de portails Renaissance sur les collatéraux ne nuit pas au grand portail central en arc brisé, couronné de trois fenêtres en plein cintre. Ils sont surmontés d'une grande baie, mais on ne retient d'eux que la beauté de leur arc surbaissé et la profondeur de leurs ébrasements. Sont à voir, outre les magnifiques vitraux Renaissance des chapelles du bas-côté droit et du déambulatoire, des pierres tombales, deux sculptures, une Vierge à l'Enfant du XVIᵉ siècle et un Christ de pitié de la même époque.

Pour mieux apprécier la ville de Châlons, il faut flâner le long des eaux vertes du Mau et du Nau — les deux bras que forment ici la Marne —, admirer les vieilles maisons en encorbellement, parcourir les jardins du Jard — une promenade qui date du Moyen Âge mais

Dans la cathédrale Saint-Étienne de Châlons-sur-Marne, les admirables verrières
▼ *du croisillon nord (XIIIᵉ s.).*

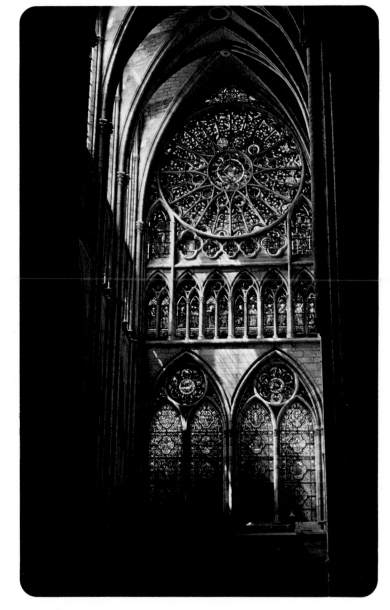

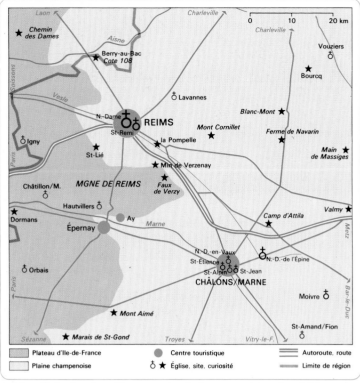

que le siècle des Lumières a redessinée — et visiter les édifices des XVIIᵉ et XVIIIᵉ siècles qui ont résisté aux temps et aux guerres, tel l'hôtel des Dubois de Crancé (XVIIᵉ s.). La bibliothèque municipale est installée dans l'hôtel des Gouverneurs de Châlons (XVIIᵉ s.). La préfecture occupe l'ancien hôtel de l'Intendance de Champagne dressé sur les plans de Legendre (1765-1771). L'hôtel du Vidame (XVIIᵉ s.) abrite le musée Garinet. Au sortir de la ville : la porte Sainte-Croix dite « de la Dauphine », édifiée lors du passage de Marie-Antoinette, venue en France pour épouser le Dauphin.

Une dentelle de pierre au milieu de la plaine

À une huitaine de kilomètres de Châlons-sur-Marne, sur la route de Verdun, la basilique *Notre-Dame de l'Épine* se dresse, solitaire, sur une butte entourée par la vaste plaine champenoise. Évoquant la source pétrifiante d'Étuf, près de Rouvre-sur-Aube, Armand Lanoux écrit : « Je crois bien que les dentellières et les maçons amoureux de la Vierge plongèrent dans les eaux magiques un bonnet pour Notre-Dame; quand ils le retirèrent, il était devenu basilique. » C'est bien l'impression que produit, sur l'or des moissons, cette Chartres champenoise. Elle a remplacé la chapelle consacrée à la Vierge du Buisson ardent, objet, dès 1230, d'un pèlerinage. La première pierre fut posée entre 1405 et 1410. Mais la construction de l'église avait singulièrement prospéré quand Charles VII, passant en 1445, vit « un fort nottable édifice ja fort avancé ». Douze cents écus de Louis XI l'accélèrent encore en 1471 et, en 1509, il ne restait plus qu'à installer la clôture du chœur Renaissance et le tabernacle du reliquaire.

« Brasier ardent et buisson de roses épanouies » (Paul Claudel), la basilique est l'œuvre des XIVᵉ et XVᵉ siècles. D'un plan traditionnel, en forme de croix latine, son vaisseau est très pur; il se compose d'une nef à six travées, d'un transept court avec rond-point à cinq pans, d'un chœur fermé par un magnifique jubé du XVIᵉ siècle et par une clôture de pierre ciselée, ainsi que d'un déambulatoire à chapelles rayonnantes. On peut voir, à l'intérieur, une petite chapelle du début du XVᵉ siècle ornée d'une fresque de même époque, un buffet d'orgues Renaissance, une poutre de gloire et une Mise au tombeau du XVIᵉ s., une Vierge en pierre polychrome du XIVᵉ.

La façade a été manifestement inspirée par Reims. Elle est percée de trois portails aux gables élancés, dont le plus haut supporte un Christ en croix. Autrefois la statuaire s'y détachait jusqu'au filigrane tant la pierre était fouillée, et au travers de ses dentelures, on pouvait apercevoir un peu du bleu du ciel. Mais de cette statuaire il ne reste guère. Cinquante-deux fois, les « dénicheurs de saints » ont dérobé, pour les vendre, les statues qui peuplaient la façade, sur trois étages.

l'Écriture sainte d'après les cycles de la Nativité et de Pâques, les scènes de la vie publique ou liturgique, d'abord avec une certaine raideur, puis avec de plus en plus d'humanité et de verve. Ils furent certainement influencés par les gravures de Dürer et de Schongauer que l'on vendait dans les foires. Ils pratiquaient avec une maîtrise absolue un art vivant au service de la foi mystique et réaliste du Moyen Âge. Dans trois de ses églises, Châlons possède un extraordinaire ensemble de leurs œuvres. Le XIIᵉ siècle n'y est représenté que par des fragments compris dans le trésor de la cathédrale. Dans cette même église, le XIIIᵉ siècle éclate dans le vibrant contraste des rouges et des bleus des « Apôtres » au-dessus du portail nord. Le XIVᵉ siècle n'apporte qu'une faible contribution. Le

XVᵉ siècle inaugure la série des verrières du bas-côté sud de la cathédrale. Enfin, avec le XVIᵉ siècle commencent les verrières narratives, semblables aux images d'Épinal.

Cathédrale : la Création, vie de la Vierge, la Passion, la Transfiguration, vie et martyre de saint Étienne, vie cachée du Christ. Le tout en trente-quatre vitraux, dont l'Ecce Homo.

Notre-Dame-en-Vaux : bas-côté nord, six vitraux. Bas-côté sud, trois vitraux, dont la vie de la Vierge.

Saint-Alpin : déambulatoire, revers de la façade, bas-côté sud : treize vitraux dont « la Pietà » et « saint Albin devant Attila ». Enfin, on aboutit aux verrières et aux grisailles du XVIᵉ siècle qui, avec leurs effets de perspective et leurs contrastes de jaune et de gris sont la gloire de cette église. ■

« Brasier ardent
et buisson de roses épanouies »
(P. Claudel),
▼ la basilique Notre-Dame de l'Épine.

En outre, comme s'il ne suffisait pas du fanatisme révolutionnaire, la pudibonderie du siècle suivant a « censuré » les plus audacieuses des 99 gargouilles qui évacuaient les eaux sous un toit plat masqué à la vue par une balustrade à claire-voie. La flèche de droite se dresse à 55 m. Celle de gauche fut jetée bas en 1798 au profit d'un télégraphe Chappe; Napoléon III décida de la reconstruire, de sorte qu'à l'étrésillon en couronne fleurdelisée de la flèche droite répond celui aux aigles impériales de la flèche gauche.

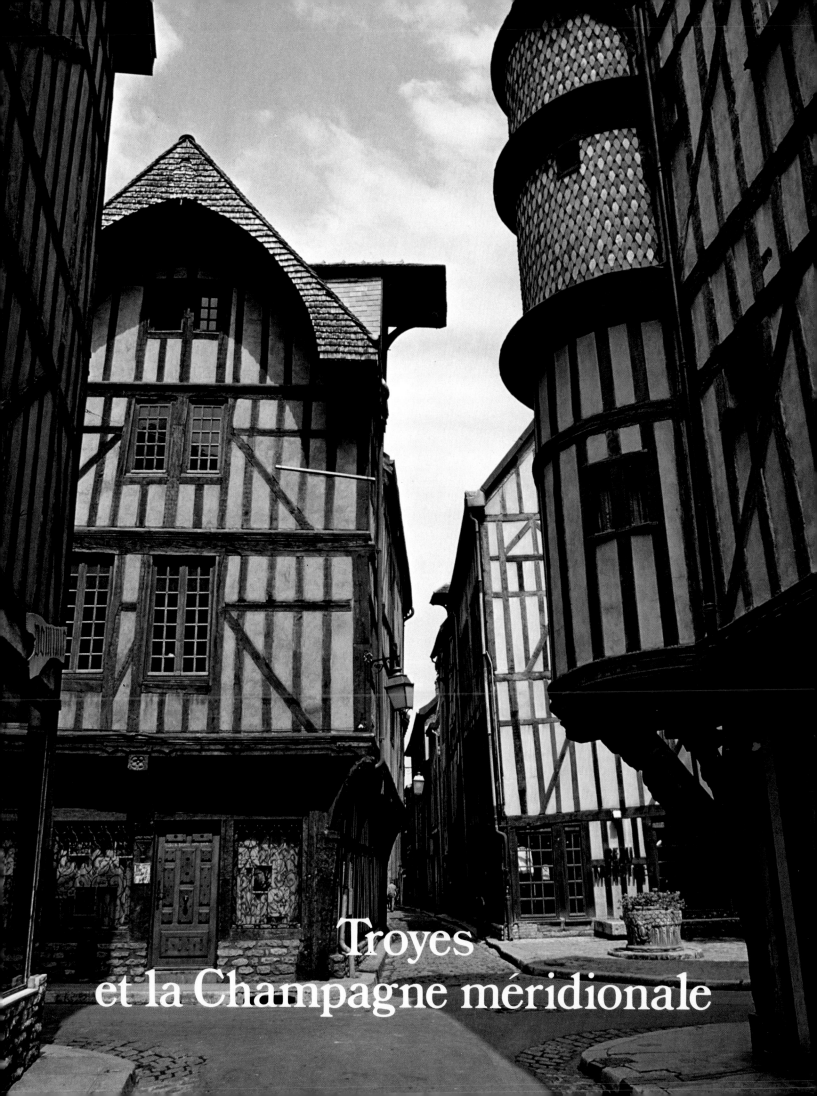

Troyes
et la Champagne méridionale

◄◄ Maisons à pans de bois de la rue Champeaux :
l'une d'elles, datant du XVIIe,
a conservé une gracieuse tourelle d'angle.

◄ Pureté des lignes, audace des envolées :
les arcs-boutants au-dessus
du bas-côté nord de la cathédrale.

*J*adis capitale
du comté de Champagne,
foyer artistique des plus féconds,
Troyes a su préserver
ses églises aux belles verrières,
ses vieilles maisons de bois et de pisé,
ses hôtels anciens.
Sa cathédrale est peut-être
le plus précieux témoignage
de ce riche passé.

Le portail gauche ▲
de la cathédrale est encadré
par les puissants contreforts
de son unique tour.

▲ *Édifiée à la fin de l'époque gothique,*
la façade occidentale est l'œuvre
du célèbre architecte Martin Chambiges.

*La cathédrale de Troyes, avec ses dimensions puissantes, sa foisonnante décoration,
la légèreté de sa nef et l'éclat de ses vitraux,
est un remarquable exemple de l'architecture religieuse champenoise.*

▲ *Arcs-boutants effilés, hautes fenêtres ajourées,*
pinacles délicatement découpés,
tout concourt à renforcer la grâce de Saint-Urbain,
que semble veiller la puissante tour de la cathédrale.

La basilique Saint-Urbain de Troyes,
souvent comparée à la Sainte-Chapelle de Paris pour sa conception aérienne,
apparaît comme l'un des sommets de l'art gothique champenois.

L'une ▲
des grandes
verrières
du chœur,
représentant
l'arbre
de Jessé
(XVIe s.).

◄ Donnant sur la rue de la Madeleine,
la tour Renaissance
et la porte gothique
de l'ancien charnier.

▲ Disparaissant sous une abondante sculpture,
le jubé du Troyen Jean Gailde décore,
comme une riche tenture,
l'entrée du chœur.

La plus ancienne église de Troyes, Sainte-Madeleine, possède aussi des trésors.
Ses vitraux et son jubé, véritable dentelle de pierre du plus audacieux flamboyant
enrichie de feuillages et de figurines délicates, forcent l'admiration.

L'église rurale de Lentilles : ▶
pans de bois, pignon et
clocher recouverts d'écailles,
porche en charpente.

▲ *Plaisirs du nautisme
sur le lac de la forêt d'Orient,
près de Mesnil-Saint-Père.*

Grâce à sa situation, la Champagne méridionale a connu une histoire glorieuse et tragique tour à tour. Et, au fil des siècles, elle s'est constitué un patrimoine architectural considérable, dans le rayonnement de sa capitale, Troyes, que le Bernin compara à « une petite Rome ». Invasions et guerres ont certes porté atteinte à ces trésors, dont un commerce florissant et une industrie renommée avaient favorisé l'éclosion. Mais le pays troyen ayant été épargné par les guerres des XIXᵉ et XXᵉ siècles, les chefs-d'œuvre qui nous sont parvenus suffisent à témoigner de cette prospérité.

C'est dans l'art religieux, plus que dans toute autre forme artistique, que s'est exprimée l'originalité champenoise. De cette étonnante floraison d'églises, surtout élevées à l'époque gothique, Troyes est le reflet le plus éclatant.

Une capitale historique

Au cœur de l'actuel département de l'Aube s'élève *Troyes*, qui curieusement tient tout entière dans un « bouchon de champagne ». Le cours de la Seine et le canal de la Haute-Seine dessinent autour du quartier bas la tête du bouchon, tandis que les boulevards aménagés à l'emplacement des anciens remparts délimitent le corps du bouchon (quartier haut). Disposition classique, séparant la ville de l'Église de celle des affaires, mais dont le dessin est ici plus curieux qu'ailleurs. Le contenu compte plus que la forme : « ville souveraine », Troyes fut certes dépossédée au profit de Châlons ou de Reims, mais elle demeure l'une des métropoles de la France de l'Est, ne serait-ce que par ses incomparables richesses artistiques.

Située à l'un des carrefours égrenés sur la voie Méditerranée-mer du Nord, l'antique *Augustobona* des Tricasses a connu une histoire agitée. Les Romains l'occupèrent, Attila et ses Huns la trouvèrent sur leur chemin, les Normands ne l'épargnèrent pas. Devenue fief des comtes de Champagne à partir du Xᵉ siècle, la cité vécut alors une période de quiétude et de prospérité : les routes furent celles des marchands. Les foires firent sa renommée. Elle s'enrichit de monuments, de riches demeures. En 1284, le mariage de Jeanne, dernière héritière des comtes, avec Philippe le Bel rattacha la province à la couronne de France. La guerre de Cent Ans et la peste y apportèrent troubles et ruines. Puis, au XVᵉ siècle, Louis XI octroya à la capitale champenoise une charte d'échevinage qui élargissait ses pouvoirs municipaux. Ce fut, pour l'industrieuse Troyes, la plus belle époque de son histoire; nonobstant les impôts dont l'accabla François Iᵉʳ, les incendies et les résurgences de la peste, elle retrouva la joie de vivre. Des fortunes s'échafaudèrent, dont les bénéficiaires voulurent des hôtels dignes de leur nouveau destin. Architectes, sculpteurs, peintres, maîtres verriers mirent tout en œuvre pour satisfaire cette soif de beauté et de luxe. Et Troyes devint un foyer artistique intense qui rayonna sur la Champagne et la Bourgogne. Des mains des artistes troyens sortirent, outre de nobles logis décorés avec raffinement, d'amples sanctuaires, des Vierges au pur visage, de précieuses verrières.

Après cet âge d'or, Troyes ne put retrouver pareil rayonnement, mais sut en garder bien des traces. Et elle devint peu à peu la capitale de la bonneterie en France (on dit maintenant « de la maille »).

La « ville aux cent clochers »

Des innombrables églises dont Troyes s'enorgueillissait autrefois, il n'en reste que neuf, mais qui recèlent de véritables trésors. Au cœur du quartier bas, se dresse la *cathédrale Saint-Pierre-et-Saint-Paul*, construite de 1208 à 1638 — ce qui explique son manque d'homogénéité. La façade ouest, de la fin du gothique, en est le joyau. Son maître d'œuvre fut Martin Chambiges, qui travailla aussi aux cathédrales de Beauvais et de Sens. Au rez-de-chaussée s'ouvrent trois portails, surmontés de gables ajourés. Les tympans, abîmés par la Révolution, ont perdu sculptures et statues. Au-dessus du portail central, une grande rosace. Au niveau supérieur, enfin, devaient s'élever deux tours massives, flanquées de puissants contreforts. Seule la tour de gauche, haute de 67 m, a été achevée en 1640. Malgré les mutilations, l'ensemble est admirable grâce à la décoration flamboyante dont se parent encore voussures, corniches et dais. Le portail du transept nord (XIIIᵉ s.), dit « le beau portail », est également digne d'intérêt à cause de sa rosace de 10 m de diamètre, encadrée par quatre petites roses.

L'intérieur de la cathédrale est un harmonieux vaisseau, long de 114 m, large de 50 m au transept et haut de 28,50 m sous voûte. À l'élégance de la perspective de la nef et du chœur s'ajoute le lumineux éclat des verrières, qui possèdent 182 panneaux, du XIIIᵉ au XVIIᵉ siècle. Les vitraux du chœur et du déambulatoire, les plus anciens, évoquent, dans un style assez primitif, la légende de la Vierge, la vie de Notre-Seigneur, saint Jean l'Évangéliste, saint Pierre et saint Paul, le paradis terrestre. Ceux de la nef (fin du XVᵉ s.) frappent par leurs coloris plus violents, leur composition plus précise. On y lit l'histoire de Joseph, de Daniel, de Job. Plus récente — elle date de 1546 —, la verrière de la rose de la façade occidentale représente la cour céleste. Sont remarquables aussi le vitrail de l'Assomption (XVIᵉ s.), dans la chapelle des fonts, et le « Pressoir mystique (XVIIᵉ s.), figurant le Christ étendu sous le pressoir, un cep

Les foires de Champagne

Au Moyen Âge, sous la tutelle énergique des comtes de Champagne, Troyes vécut une ère de prospérité, à laquelle contribuèrent les célèbres foires. Y venaient des quatre coins de France — mais aussi d'Italie, d'Allemagne, de Flandre, d'Espagne — d'innombrables marchands, qui alimentaient le commerce en bonnets, ceintures, cuirs, soieries, épices, vins, fruits exotiques, objets d'art... Marchandises utiles et denrées précieuses affluaient à ces « kermesses » colorées que Troyes accueillait aux environs de la Saint-Jean (Foire chaude) et de novembre à janvier (Foire froide).

Cette cité n'eut pas d'ailleurs le monopole exclusif des foires. Au XIIᵉ siècle, il en existait plusieurs, réparties sur l'ensemble de la Champagne : à Lagny (en janvier), à Bar-sur-Aube (ouverte le mardi avant la mi-carême), à Provins (en mai-juin, puis en septembre), et à Troyes. Somme toute, une seule foire, itinérante et quasi permanente.

Avec ses foires, Troyes connut un développement économique sans précédent. L'art y trouva son compte. Ne fallait-il pas accueillir, nourrir — matériellement comme spirituellement — et même soigner des milliers de voyageurs? Aussi Henri Iᵉʳ, dit le Libéral, fit-il édifier treize églises, treize hôpitaux et divers établissements religieux. Euphorique époque qui hélas! eut une fin. Le mariage de Philippe le Bel avec Jeanne, seule héritière des comtes, amorça le déclin. Rattachée à la couronne royale, la Champagne allait vivre les désastreuses guerres

→

▲ Cathédrale Saint-Pierre-et-Saint-Paul de Troyes : le portail du transept sud, dépouillé de ses statues par la Révolution, s'ouvre sur la cour de l'ancien évêché.

La cathédrale Saint-Pierre-et-Saint-Paul de Troyes est dominée par une seule tour, ▼ carrée et haute de 67 mètres.

sortant de sa poitrine et se ramifiant en sarments portant les douze Apôtres. Ce sont là des chefs-d'œuvre de l'école troyenne.

De nombreuses œuvres d'art (stalles, tapisseries) et un trésor composé d'émaux, de châsses et de calices complètent l'attrait artistique de la cathédrale. Aux côtés de celle-ci, dans l'ancienne abbaye Saint-Loup, sont installés la bibliothèque municipale et le musée des Beaux-Arts. La première abrite manuscrits et incunables provenant de Clairvaux. Le second présente des collections de préhistoire, d'archéologie, de sculpture et d'histoire naturelle, ainsi que des tableaux, de Bruegel de Velours à Maurice Denis en passant par Mignard, Greuze, Hubert Robert, Fragonard.

À l'est de la cathédrale, l'église Saint-Nizier, bâtie de 1518 à 1619, appartient dans sa majeure partie à la Renaissance. D'aucuns voient en elle « la sœur des jolies églises bourguignonnes » à cause de ses toits de tuiles vernissées. Endommagée au cours des siècles, elle garde des beautés auxquelles on ne peut rester insensible : un portail sud gothique, de belles verrières (XVIᵉ s.) dans le chœur, le transept et le déambulatoire, un saint-sépulcre (XVIᵉ s.), une Pietà du XVIᵉ siècle, et surtout un Ecce Homo, à propos duquel Émile Mâle a écrit : « Je n'ai jamais rencontré de Christ assis qui puisse rivaliser avec celui-là. »

En quittant le quartier bas, où l'urbanisme moderne a entraîné la destruction d'une partie des maisons anciennes, passons devant l'hôtel-Dieu, reconstruit au XVIIIᵉ siècle, dont la grille monumentale, en fer forgé doré de Pierre Delphin, est étonnante par sa fine ornementation. Par deux ponts enjambant la Seine, on gagne le quartier haut, c'est-à-dire le vieux Troyes, où des clochers émergent au-dessus des toits.

La basilique Saint-Urbain est un joyau d'architecture gothique, véritable châsse de pierre ciselée. Elle fut élevée, à partir de 1262, sur l'ordre et aux frais du pape Urbain IV, à l'emplacement de l'échoppe de savetier que possédait son père. Cela ne se fit pas sans conflit avec les religieuses auxquelles appartenait le terrain et qui, pour se venger, en vinrent à saccager les chantiers. Le sanctuaire fut consacré en 1389. La façade ouest, refaite au siècle dernier, conserve un portail du XIIIᵉ siècle, illustré, au tympan et sur le linteau, de la Résurrection des morts et du Jugement dernier. Les portails du transept s'abritent sous des porches (XIVᵉ s.) où colonnettes, niches, voûtes s'ordonnent avec goût. Mais il faut contourner l'église jusqu'au chevet pour en apprécier la gracieuse légèreté. Comme l'écrit René Vigo, auteur d'un ouvrage sur la Champagne méridionale : « Cette église [...] est un feu d'artifice pétrifié, un défi superbe aux lois de l'équilibre. Touchée par une grâce mystique, elle offre le fabuleux chaos de ses clochetons, de ses pinacles et de ses gargouilles dont le rictus gaillard fait sourire. » Certains l'ont comparée à la Sainte-Chapelle de Paris. L'intérieur est franco-flamandes du XIVe siècle. Les foires, abandonnées par les Flamands, furent aussi désertées par les marchands italiens. Et, bientôt, elles cessèrent d'exister. En même temps naissait une autre forme de commerce : d'itinérant, il devint sédentaire. ∎

La capitale de la bonneterie

Si, selon certains, l'Égypte des pharaons connaissait déjà le tricot à main, il semble que le travail aux aiguilles ne se répandit en Occident qu'à la suite des croisades. Jusqu'au Moyen Âge, cependant, on continua d'ignorer l'usage des chaussettes et des bas qui, en laine ou parfois en soie, ne firent leur apparition qu'au XVIe siècle. À la fin de ce même siècle fut inventée, par le pasteur

▲ *Troyes : le chevet de Saint-Jean et sa curieuse tourelle à horloge, perchée sur un arc-boutant entre nef et chœur.*

anglais William Lee croit-on, la première machine à tricoter. Le succès du tricot mécanique fut tel qu'au milieu du XVIIe siècle le gouvernement britannique voulut s'assurer le monopole absolu du tricotage à la machine en interdisant formellement l'exportation des métiers.

Envoyé outre-Manche par Colbert, un «espion commercial», Jean Hindret, parvint à copier les plans du métier convoité. Et, en 1656, au château de Madrid, près de Paris, la première manufacture française de bonneterie fut fondée. D'autres suivirent. En 1700, une quinzaine de villes acquirent ainsi, par arrêt royal, le privilège de fabriquer bas, vêtements et gants au métier. Mais Troyes ne figurait pas parmi ces villes, et ce n'est qu'au milieu du XVIIIe siècle que la

Basilique Saint-Urbain de Troyes : la voûte du chœur dont les superbes vitraux
▼ *datent du XIIIe siècle.*

baigné de lumière. Dans le prolongement d'une nef à trois travées, flanquée de collatéraux, le chœur à deux travées, construit de 1262 à 1266, ne semble être que verrières tant l'armature de pierre sait se faire oublier. Ces verrières remontent en grande partie au XIIIe siècle. Sur fond de grisaille, sous des dais dorés, se détachent de grandes figures : le Christ en croix, les prophètes, les patriarches, etc., tandis que les fenêtres du bas sont consacrées à des scènes de la Passion. Devant l'autel de la chapelle sud, on contemple la « Vierge au raisin » (XVIe s.).

Derrière le chevet de la basilique, de l'autre côté de la place de la Libération, la préfecture occupe l'ancienne abbaye de Notre-Dame-aux-Nonnains (XVIIIe-XIXe s.). Près de la basilique aussi, mais vers le nord, l'*église Saint-Remi* se remarque par sa flèche en charpente, haute de 60 m : elle est flanquée de quatre clochetons et s'élève au-dessus d'un clocher du XIVe siècle. C'est de cette époque que date le sanctuaire, en partie remanié aux siècles ultérieurs. Un petit portail du XVe siècle perce la façade ouest. À l'intérieur se trouvent de remarquables panneaux de bois peints en grisaille, du XVIe siècle, et un crucifix en bronze de Girardon, artiste troyen.

Dans un décor du passé

À l'ouest de la basilique Saint-Urbain, la place du Maréchal-Foch, sur laquelle donne l'hôtel de ville — celui-ci n'est ancien que par sa partie centrale, de style Louis XIII —, marque en quelque sorte l'entrée du vieux quartier de Troyes, un secteur sauvegardé plein de pittoresque. Des rues aux pavés écorchés par les siècles, dont les noms (rue de la Clef-d'Or, rue de la Corne-de-Cerf, rue de la Montée-des-Changes...) laissent imaginer un univers d'artisans et de petits métiers disparus. Des maisons médiévales à pans de bois, à toits pointus en auvent, parfois décorés de figures sculptées, des hôtels Renaissance à tourelles et portes ouvragées...

Restaurée avec soin, la maison du Boulanger (XVIe s.) est typique de l'architecture populaire champenoise d'autrefois. La tourelle de l'Orfèvre portée par trois caryatides orne un noble logis du Grand Siècle. L'hôtel des Ursins, Renaissance, attire le regard par sa jolie façade sur cour, cantonnée d'une échauguette. L'hôtel de Marizy (XVIe s.) arbore une tourelle d'angle, et de vieilles grilles protègent ses fenêtres. L'hôtel de Mauroy est un intéressant exemple de l'architecture de la Renaissance. L'hôtel de Chappelaines (1535) accueillit Louis XIII, de passage à Troyes. Quant à l'hôtel de Vauluisant, élevé vers 1550, agrandi de deux ailes aux XVIIe et XVIIIe siècles, il abrite le musée historique de Troyes et de la Champagne, et le musée de la Bonneterie. Il faut voir la fameuse ruelle des Chats, un étroit boyau bonneterie s'implanta en Champagne méridionale, y remplaçant les industries du tissage.

Les premiers métiers furent installés à Arcis-sur-Aube vers 1745, puis, peu après, à Troyes, dans l'hôpital de la Trinité (ex-hôtel de Mauroy). La fabrication des bas était assurée par les enfants pauvres accueillis par l'hôpital. Ce fut une grande réussite. L'entreprise fut imitée et, dès 1774, la Communauté des Bonnetiers regroupait 40 adhérents. Après la Révolution, Troyes devint la capitale bonnetière de la région. Cette industrie concentre aujourd'hui encore l'essentiel de ses activités et procure du travail à presque un tiers de la population. De nombreuses manufactures se sont implantées dans le département. La mode des objets tricotés a favorisé l'essor de

▲ *Cheminée en pierre polychrome et murs à damier champenois, une des salles de l'hôtel de Vauluisant, devenu musée historique de Troyes.*

la bonneterie et, à Troyes, s'est établi un centre de recherches expérimental qui lui est consacré.

Dans l'hôtel de Vauluisant, on peut voir un musée de la Bonneterie : métiers, collections de bas, gants, sous-vêtements et bonnets retracent l'histoire de cette industrie du tricot. ■

L'école troyenne

C'est à la fin du XVe siècle que naquit, dans le domaine de la sculpture, le style dit « champenois », ou plutôt « troyen », puisque son rayonnement ne dépassa pour ainsi dire pas les limites de l'actuel département de l'Aube. Ce qui distingue ce nouveau style, c'est un retour au réalisme, à une certaine vérité quotidienne et pourtant

Dans une chapelle de la basilique Saint-Urbain de Troyes, la « Vierge au raisin », chef-d'œuvre
▼ *de la sculpture troyenne du XVIe siècle.*

qui se glisse entre des maisons à pignons et étages en encorbellement, s'appuyant l'une contre l'autre : la lumière pénètre à peine dans cette rue d'un autre âge.

Au milieu du vieux Troyes, d'autres églises invitent au recueillement. L'*église Sainte-Madeleine* est la plus ancienne de la ville, puisqu'elle date du XIIe siècle. Elle a été plusieurs fois remaniée. Son jubé de pierre, d'un style flamboyant très fleuri, fut exécuté par Jean Gailde, maître maçon troyen, de 1508 à 1517 : trois arcs festonnés s'appuient sur les gros piliers du chœur; feuillages et statues animent cette architecture délicate que couronne une balustrade fleurdelisée. On peut y voir une inspiration espagnole, à cause de l'exubérance de la sculpture. Autre « vedette » de l'église Sainte-Madeleine : la statue de sainte Marthe, dans le bas-côté droit. Un visage humble, triste et décidé à la fois, un vêtement simple donnent à cette statue une émouvante vérité. Son auteur a donné son nom à l'atelier « de la Sainte-Marthe » ou du « Maître aux figures tristes », auquel sont attribuées des œuvres tout aussi remarquables, tels les sépulcres de Chaource et de Villeneuve-l'Archevêque, la Pietà de Bayel et le Christ de Feuges.

C'est dans l'*église Saint-Jean,* en partie détruite — son porche s'effondra avec le beffroi du XIVe siècle en 1911 —, que fut célébré le mariage de Catherine de France, fille de Charles VI et d'Isabeau de Bavière, avec Henri V d'Angleterre, une union qui scellait le honteux traité de Troyes. Ce sanctuaire est le plus grand après la cathédrale. Il se compose d'une nef gothique et d'un chœur Renaissance, coiffé de hautes voûtes à nervures. Entre les deux, sur le côté sud, s'élève une étrange tourelle à horloge. « Bizarrement perchée en porte à faux sur un arc-boutant, cette horloge revêt, le soir, des allures de Jaquemart rapporté d'Orient par quelque croisé ou marchand aventureux » (René Briat). Parmi les trésors que renferme l'église Saint-Jean, mentionnons le groupe de la Visitation, attribué à Nicolas Haslin (vers 1520), les peintures de Pierre Mignard, qui encadrent le retable du maître-autel (XVIIe s.), le tabernacle et les chandeliers sculptés par Girardon, ainsi que le retable de la chapelle absidiale, décoré de bas-reliefs figurant des scènes de la Passion et dus à Dominique le Florentin, qui s'établit à Troyes vers 1530.

Église-musée aussi : *Saint-Pantaléon.* Commencée en 1508 dans le style gothique, continuée dans le style Renaissance, elle comporte une nef doublée de collatéraux et un chœur avec abside à trois pans. Une charpente en berceau couvre la nef à 28 m de hauteur. Mais l'intérêt de ce sanctuaire réside dans les statues qu'il abrite : plus de 40, presque toutes de la Renaissance. Des saints, un Christ ressuscité, une Vierge de douleur, un Ecce Homo..., la sculpture troyenne présente là ses œuvres les plus remarquables, dont certaines reviennent à Dominique le Florentin.

sublimée. Les saintes et les saints, les christs et les vierges qui sortent des ateliers troyens n'ont rien d'inhumain ou d'impersonnel. Très probablement les sculpteurs ont-ils trouvé leurs modèles dans la rue : des visages ronds et un peu plats au front bombé et aux yeux légèrement bridés. Visages séduisants d'une indéniable pureté, et assez beaux pour faire écrire à Maurice Barrès, en contemplation devant l'Acropole : « Je rêve d'un temple dressé par un Phidias de notre race dans un beau lieu français, par exemple sur les collines de la Meuse, à Domrémy, où ma vénération s'accorderait avec la nature et l'art, comme celle des anciens Grecs en face du Parthénon. Des Françaises de pierre m'y attendraient, assez pareilles aux Vierges champenoises des églises de Troyes et plus

▲ *Ce saint-sépulcre du XVIᵉ siècle, aux personnages empreints de calme, se trouve dans l'église Saint-Nizier de Troyes.*

voisines de mon âme que les Vénus et les Minerve…»

Parmi tous ces artistes, quelques-uns ont laissé un nom : Jean Gailde (ou Gualde) qui, de 1508 à 1517, assisté de Huguenin Bailly, Martin de Vaulx, Nicolas Havelin et Simon Mauroy, cisela l'extraordinaire dentelle de pierre qu'est le jubé de l'église Sainte-Madeleine à Troyes; François Gentil (mort en 1582) et Jacques Julyot (1480-1552), nés à Troyes et auxquels nous sommes vraisemblablement redevables de l'essentiel de cette statuaire. Mais la plupart sont demeurés inconnus, obscurs imagiers travaillant pour le compte de quelque « patron » et songeant plus à l'œuvre elle-même qu'à la survie de leurs noms.

Le simple énoncé des œuvres issues de l'école troyenne du XVᵉ et du XVIᵉ siècle, demeurées en place

Enfin, l'*église Saint-Nicolas* (XVIᵉ s.), dont l'académicien Louis Bertrand a dit qu'elle était «la plus séduisante et la plus amicale des églises de Troyes». Comme les autres, elle contient nombre d'œuvres d'artistes troyens, tel le sculpteur François Gentil, auquel sont attribuées les statues de David et d'Isaïe ornant le portail sud, les figures de pierre de la chapelle surmontant le porche occidental. Ce porche constitue d'ailleurs l'originalité de l'église : la façade ouest s'appuyant autrefois au rempart, on pénétrait dans le sanctuaire directement par la chapelle du Calvaire, construite au-dessus de la première travée de la nef, et l'on descendait dans celle-ci par le monumental escalier qui existe encore. La chapelle se présente comme une tribune à trois travées ouvrant sur l'extérieur par une loggia à balustrade.

La « ville aux cent clochers », où devait retentir, à longueur d'année, un concert de bourdons, de cloches et de carillons, a su rester fidèle à son passé, bien que les exigences de la vie moderne soient venues opposer la rectitude d'artères ombragées, la froideur du parpaing ou de la brique creuse au tracé irrégulier des rues d'antan, à la chaleur des vieilles pierres et des appareillages de poutres.

Un semis de jolies églises

Couverte d'églises dès le Moyen Âge, la Champagne méridionale bénéficia de la prospérité qu'apporta le XVIᵉ siècle. Les plus modestes villages possèdent leur « merveille » Renaissance. Certes, ces édifices religieux ne sont comparables à ceux de Troyes ni par les dimensions ni par l'envolée. Mais les bourgeois enrichis par le commerce firent souvent appel aux artistes de la fameuse école troyenne. Aussi n'est-il pas surprenant de découvrir ici et là un portail finement sculpté, une flèche des plus gracieuses, de délicates verrières, une statue empreinte de vérité, qui reflètent le style de la grande école champenoise du XVIᵉ siècle.

La plupart des sanctuaires répondent à une même conception, que certains spécialistes ont appelée « groupe troyen du XVIᵉ siècle ». La pierre de taille étant rare dans la région, les constructeurs utilisèrent, partiellement du moins, la craie, et même, comme dans la forêt du Der, le bois, matériau fragile que le feu n'épargna point. (Il ne subsiste plus guère qu'une vingtaine de ces églises en bois, réparties de part et d'autre de la « frontière » séparant l'Aube de la Haute-Marne.) Le plan est généralement rectangulaire. Une nef flanquée de collatéraux de même hauteur sous voûte et qui se prolongent de chaque côté du chœur, pas de transept, une abside à 3 ou 5 pans, parfois une tour-clocher abritant le porche. Les églises champenoises offrent ainsi une disposition à la fois simple et

élégante. Certaines ont conservé la nef sans bas-côtés de l'époque romane, d'où jaillit une tour coiffée d'ardoises. Mais leur chœur a été refait au XVIᵉ siècle. À cette époque, les portails s'enrichirent de sculptures, les fenêtres se garnirent de vitraux aux figures profondément humaines, comme celles de la statuaire.

Aux portes de Troyes, petites villes et villages possèdent de belles églises. À l'ouest, *Sainte-Savine* fut élevée au XVIᵉ siècle là où était enterrée une jeune fille grecque morte de chagrin en apprenant le martyre de son frère. L'église de *Pont-Sainte-Marie,* dans un cadre champêtre au bord de la Bâtarde, est remarquable pour sa façade; des toitures en auvent protègent élégamment les trois portails monumentaux, dont voussures et linteaux portent une foisonnante ornementation; une tour carrée, prolongée par une flèche, jouxte cet ensemble. Dans l'église de *Saint-Parres-aux-Tertres,* bâtie sur une éminence, où, selon la légende, auraient été ensevelis les restes de saint Parres, les vitraux (XVIᵉ s.), les châsses, provenant surtout de l'abbaye de Foissy et rehaussant le maître-autel, les statues de l'école troyenne justifient une visite. De même *Saint-Julien-les-Villas,* au bord de la Seine — le sanctuaire très orné fut en majeure partie reconstruit au siècle dernier —, et *Saint-André-les-Vergers,* dont le portail oriental est du plus pur style Renaissance.

En bois du Der

C'est dans le *Der,* petite contrée de la Champagne humide, au nord et à l'est de la plaine de Brienne, que l'on rencontre les plus typiques des églises champenoises.

À quelques kilomètres de Brienne-le-Château, *Rosnay-l'Hôpital,* une ancienne ville forte, dresse au-dessus de la Voire son église Notre-Dame dont la crypte à 5 nefs du XIIᵉ fut refaite au XVIᵉ siècle. *Chavanges* s'annonce de loin par la tour, haute de 37 m, de sa grande église, consacrée en 1554. De l'édifice antérieur subsiste surtout un portail roman. Ordonnance assez rare, des absides à pans coupés prolongent les bas-côtés de la nef. Chavanges possède des statues et des vitraux admirables, parmi lesquels «l'Apocalypse», traitée d'après les gravures de Dürer. Comme l'a écrit Émile Mâle : «Les vitraux de Chavanges sont peut-être les plus beaux parce qu'ils sont le plus près des originaux de Dürer.» Non loin, l'église de *Lentilles,* faite de poutres de chêne apparentes et de torchis, est un modèle de l'architecture du Der. Elle date du XVIᵉ siècle et possède un curieux porche en charpente, une haute toiture à forte pente et une flèche, couverte de bardeaux, qui s'élance au-dessus du chœur. Ce style à pans de bois, chaleureux et pittoresque, se retrouve à *Bailly-le-Franc,* à *Saint-Léger-sous-Margerie,* à *Longsols,* notamment.

ou recueillies au *musée historique de la Champagne* (hôtel de Vauluisant), occuperait des pages entières. Si l'on tient compte du fait que les insurrections, les incendies, les catastrophes de toutes sortes en détruisirent la majeure partie, on peut alors juger de l'importance, de la richesse exceptionnelle d'une statuaire qui sut allier l'originalité à l'abondance.

La Renaissance, toutefois, modifia quelque peu ce style typiquement troyen. Attirés par le renom des maîtres locaux, des sculpteurs, venus de Fontainebleau et fortement imprégnés d'italianisme, lui firent subir une évolution «dépersonnalisante». Le Florentin Dominique Ricconnucci, élève du Primatice, régna sur la ville. Son talent était grand, déterminante fut son influence. L'élégance, le

raffinement, le maniérisme firent leur entrée. Cela valut certes de belles réussites, mais en même temps marqua le déclin d'un art pour lequel les Champenois n'étaient plus faits.

La sculpture n'est pas, pourtant, l'unique aspect de l'art du XVIᵉ siècle. Dans la vieille cité troyenne, le travail des maîtres verriers était au moins aussi florissant, sinon plus, que celui des tailleurs de pierre et de bois. Pour la seule première moitié du XVIᵉ siècle, 111 noms de maîtres verriers ont été relevés. À ce chiffre déjà imposant il convient d'ajouter tous ceux que l'histoire n'a pas retenus mais qui, de la même manière que les Guiot Brisetout, Lyévin Varin, Balthasar Godon, Jean Soudain, Jean Verrat, les Brissart, les Cordonnier, les Cornuat, les Madrin, les Arzillières,

les Macabré et surtout les Linard Gontier, contribuèrent à doter cathédrales et églises de flamboyants panneaux de verre. La remarque de Pierre Le Vieil, écrivant au XVIIIᵉ siècle, dans son *Art de la peinture sur verre*, «Il n'est peut-être pas de canton en France qui renferme des vitres peintes aussi précieuses et en aussi grand nombre que la ville de Troyes en Champagne et ses environs», n'a rien perdu de sa justesse.

Quant à la peinture troyenne de la même époque, son apport est plus contestable. Si les vieux registres nous ont livré le chiffre impressionnant de 500 peintres ayant exercé leur métier ici, du XIVᵉ au XVIᵉ siècle, il n'en faudrait pas pour autant conclure que Troyes fut, comme pour la statuaire et l'imagerie sur verre, une pépinière de talents.

En fait, parmi ces peintres-là, beaucoup n'étaient que de simples artisans, rehaussant de couleurs statues et bas-reliefs alors polychromés ou recouvrant d'enduits les lambris, les meubles, voire les ustensiles de culte. Il est possible de voir aujourd'hui — notamment au musée — plusieurs des productions du XVIᵉ siècle champenois. Leur sincérité comme leur foi naïve méritent quelque attention. ■

Un musée de l'outil

Construit en 1560 pour Jean de Mauroy, contrôleur des Aides et des Tailles, l'*hôtel de Mauroy*, situé rue de la Trinité, en plein cœur du vieux Troyes, est une belle construction de la Renaissance, un peu austère avec →

Troyes : tourelle, colombage et subtile alternance des pierres et des briques ornent les murs de l'hôtel
▼ *de Mauroy, bâti au XVIᵉ siècle.*

Profitant des inépuisables ressources de l'antique forêt du Der, les maîtres d'œuvre utilisèrent aussi le bois pour l'architecture civile. C'est ainsi qu'à *Ceffonds,* petit village d'où était issu le père de Jeanne d'Arc, on découvrira d'assez nombreuses maisons à colombage, dont certaines sont entièrement recouvertes d'écailles de bois. L'église de Ceffonds, rebâtie au XVIᵉ siècle, a conservé son clocher roman. Dans cet émouvant sanctuaire isolé au milieu de son cimetière désaffecté, on peut voir de remarquables vitraux et maintes œuvres d'art de la

Renaissance (Mise au tombeau, peinture murale). *Puellemontier* émaille les prairies de maisons à pans de bois, aux toits déformés par les ans. Le clocher de son église se pare d'écailles de bois.

Montier-en-Der prend des allures de «capitale». Elle s'est bâtie dans une clairière de la forêt du Der autour d'une abbaye bénédictine fondée par saint Berchaire à la fin du VIIᵉ siècle. Malheureusement, les combats de 1940 anéantirent une grande partie de la petite cité et défigurèrent l'église Notre-Dame, ancienne abbatiale Saint-Pierre-etson appareil de pierres et de briques disposées en chevrons, selon le style local. L'édifice connut des fortunes diverses au fil des siècles. Sous le nom de la Trinité, il devint d'abord hôpital et orphelinat. Il abrita ensuite successivement un bal public, un estaminet, un atelier de draperie, une caserne et un journal avec son imprimerie. Acquis par la ville vers 1966, cet hôtel a été confié à l'Association ouvrière des compagnons du Devoir qui le restaura et y installa l'une des plus remarquables collections d'outils anciens et d'ouvrages de littérature ouvrière de France.

Ouverte au public, la *Maison de l'outil et de la pensée ouvrière* expose, dans ses vastes salles, plus de 600 outils à bois — ce qui ne représente en fait qu'une faible partie des objets patiemment

▲ *Troyes :
l'ancien hôtel de Mauroy
abrite aujourd'hui
un musée de l'outil.*

collectés par M. Paul Feller. Une bibliothèque de 15 000 à 20 000 volumes, divisée en deux sections (les écrivains-ouvriers et l'histoire des métiers), y est à la disposition des visiteurs. ■

Le souvenir de saint Bernard

Sur la rive gauche de l'Aube, en amont de Bar-sur-Aube, le petit village de Clairvaux fut jadis célèbre pour son abbaye, fondée en 1115 par saint Bernard le cistercien. Abbé de Clairvaux jusqu'à sa mort (1153), il en fit la véritable « capitale » de l'ordre de Cîteaux. Reconstruite au XVIIIe siècle, vendue à l'État en 1808, l'abbaye fut transformée en maison centrale de détention. Sinistre fonction qu'elle conserve encore. Vaste de 32 ha, l'enceinte

*Bâtie sur une butte,
l'église de Chavanges,
sa haute tour et le porche de bois
▼ qui protège son portail roman.*

*De style flamboyant,
flanquée d'un clocher massif,
la façade de l'église
▼ de Rumilly-lès-Vaudes.*

Saint-Paul. On reconstruisit la première en aménageant de nombreux jardins pour l'aérer. On restaura la seconde : la nef, de la fin du Xe siècle, a retrouvé son aspect d'origine; les baies des tribunes, obstruées depuis le Moyen Âge, ont été ouvertes de nouveau; le bas-côté méridional a été refait en totalité, tandis que celui du nord a recouvré ses voûtes gothiques. Quant au chœur (XIIe-XIIIe s.), de style gothique primitif, il se signale par son imposant hémicycle à quatre étages. Aux côtés de l'église, des bâtiments abritent un haras national qui occupe l'emplacement de l'ancienne abbaye.

Si l'amateur de vieilles pierres peut trouver de quoi satisfaire sa curiosité en visitant le Der, l'amoureux de la nature goûtera lui aussi la région. De la vaste forêt qui jadis la couvrait et que les moines-bâtisseurs du Moyen Âge défrichèrent il ne reste que des lambeaux, et la plus grande partie de la plaine est aujourd'hui revêtue de grasses prairies où pâturent chevaux et bovins, de bois et d'étangs. Mais ce cadre pastoral, semé de villages aux maisons à colombage et aux églises à clocher pointu, ne manque pas de charme.

La *forêt du Der* couvre encore 12 000 ha, principalement peuplés de chênes — « der » veut dire « chêne » en langue celtique —, et offre matière à de longues randonnées. Le *lac du Der-Chantecoq,* créé pour dompter les eaux de la Marne et de la Seine et protéger la région parisienne des inondations, vient joindre à cette belle verdure l'attrait de ses eaux tranquilles. Avec 4 800 ha, ce lac artificiel est un des plus grands de France. Pour sa réalisation, il fallut raser plusieurs villages.

Une zone sauvegardée

Entre Troyes et la pittoresque région du Der, une zone rurale de 64 164 ha est entièrement protégée par la création, le 16 octobre 1970, du *parc naturel régional de la forêt d'Orient.* Celui-ci couvre pénitentiaire constitue une sorte de village dans lequel on ne pénètre pas sans… de mauvaises raisons. Sa taille lui permet d'héberger plus de 1 000 prisonniers!

Des édifices primitifs de ce haut lieu de la foi, il ne reste que des vestiges, difficilement accessibles puisque enfermés dans la maison centrale : une partie de l'église (XIIe s.), le cellier à trois nefs voûtées d'ogives (XIIe s.), ainsi que des voûtes de la même époque. L'ensemble des bâtiments occupés par le personnel pénitentiaire et leurs pensionnaires remonte au XVIIIe siècle. Ils comportent notamment deux cloîtres, un réfectoire aménagé en chapelle et décoré de superbes boiseries.

À quelques kilomètres en aval de Clairvaux, *Bayel* est d'un abord plus riant. « Les cristalleries de

▲ *Le cloître de l'ancienne abbaye cistercienne de Clairvaux, actuellement maison de détention.*

Champagne », créées au XVIIe siècle, ont fait sa prospérité. Son église, dont le chœur est du XIIe siècle et la nef du XVIIIe, mérite visite pour les statues qu'elle recèle. La plus belle d'entre elles est une Vierge de Pitié polychrome datant du XVIe siècle et que l'on attribue au même atelier que la sainte Marthe de l'église Sainte-Madeleine de Troyes. Également remarquable, une Vierge à l'Enfant polychrome du XIVe siècle. ■

Au pays de l'andouillette

Siffle, crève et larmoie,
Ma princesse de Troye
Au flanc de noir zébré.
Mon appétit te garde
Un tombeau de moutarde…,
chantait, il y a une centaine

39 communes du département de l'Aube et dessine une sorte de quadrilatère compris entre Piney, Brienne-le-Château, Vendeuvre-sur-Barse et Lusigny-sur-Barse, juste à l'est de Troyes. Les paysages y sont pleins de douceur, de molles ondulations alternant avec des plaines alluviales que se disputent forêts et prairies.

Sur 15 000 ha s'étend la *forêt d'Orient*, émaillée d'étangs et sillonnée de petits affluents de l'Aube ou de la Seine. Elle serait une survivance de l'immense forêt du Der. Son nom paraît provenir de l'ordre des Templiers, fondé au XIIe siècle à Jérusalem sur les instances de saint Bernard de Clairvaux et qui eut pour premier grand maître le Champenois Hugues de Payns. Les Templiers installèrent de nombreuses commanderies dans la forêt ou à proximité : une partie du massif forestier porte le nom de « forêt du Temple » et des villages ou lieux-dits comportent le mot « loge » dans leur appellation, comme le hameau de la Loge-aux-Chèvres…

Essentiellement peuplée de feuillus — de chênes surtout, mais aussi de hêtres, de charmes, de merisiers, de frênes, de tilleuls, de peupliers —, auxquels on tente depuis peu de mêler les résineux (pins sylvestres, épicéas, sapins pectinés…), la forêt d'Orient est surtout riche par sa flore et sa faune. La flore des sous-bois est très diversifiée, et, dans les endroits humides, on trouve des plantes rares. Quant à la faune, elle est abondante et variée : cerfs, sangliers, chevreuils, lièvres habitent la forêt. Les truites abondent dans l'Aube. L'Amance est réputée pour ses écrevisses. Le lac de la forêt d'Orient constitue une halte pour les oiseaux migrateurs; aussi y rencontre-t-on maintes espèces aquatiques. Une partie du parc est très protégée : le motonautisme est interdit sur le lac et, dans une crique au nord-est de la nappe, a été créée une réserve de 250 ha où toute circulation est prohibée.

Le *lac de la forêt d'Orient*, qui couvre à lui seul 2 300 ha, a été réalisé artificiellement en 1966 entre Géraudot, Lusigny-sur-Barse et Mesnil-Saint-Père. La vallée de la Morge, affluent de la Seine, a été barrée par une digue, et la réserve obtenue, de 200 millions de mètres cubes d'eau, destinée à améliorer le régime de la Seine en amont de la région parisienne, emmagasine les eaux de crues pendant l'hiver. Cet immense miroir est le domaine du yachting. Plusieurs clubs sportifs se sont établis sur ses rives et quelque 500 bateaux évoluent sur ses eaux. Des régates s'y déroulent pendant la saison estivale. Pour les baigneurs, deux plages de sable ont été aménagées, à Mesnil-Saint-Père et à Géraudot. La pêche y est fructueuse. Et une route périphérique permet aux promeneurs à pied, à cheval ou à bicyclette de contourner le lac.

La forêt domaniale du Temple est une zone de silence où il fait bon flâner. Au nord-ouest, le « Balcon du Parc » marque la limite entre la Champagne crayeuse et la Champagne humide et, par ses paysages, explique la géographie. Au nord, de coquets villages se nichent parmi de verts horizons de cultures et de bocage. Au sud-est, la Côte des Bars, trait d'union entre la Champagne humide et les plateaux du Barrois, offre de jolies vues sur les alentours. La vallée de l'Aube, quant à elle, est une oasis de fraîcheur.

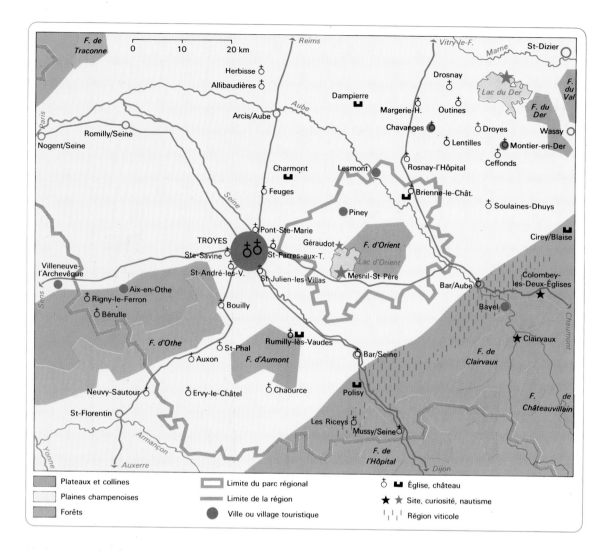

d'années, le poète-gastronome Charles Monselet. Avant et après lui, bien d'autres amateurs ont rendu hommage à la moelleuse et succulente andouillette dont Troyes, baptisée naguère « capitale de la charcuterie française », s'est fait une spécialité incontestée. Dégustée simplement grillée, avec parfois une persillade et une pointe d'ail, l'andouillette de Troyes — comme sa rivale de Bar-sur-Aube — ne doit pas faire oublier les autres « cochonnailles » proposées par les charcutiers locaux : jambon, hure, langue de mouton fumée écarlate, langue fourrée...

La Champagne méridionale s'avère aussi riche en fromages. Parmi ceux-là, mentionnons le *troyen*, fromage fermier de forme cylindrique plate fabriqué à partir du lait de vache écrémé, et le fameux *chaource*, pâte molle de vache à la croûte fleurie et de forme cylindrique. Ce dernier, qui bénéficie d'une appellation d'origine contrôlée, se consomme frais ou à demi affiné d'octobre à juin. On en trouve aussi à Praslin, à Ervy, et aux Riceys, Les Riceys où est produit un vin rosé sec et fruité auquel les frères Goncourt consacrèrent un éloge dans leur *Journal*.

Ce court inventaire de la gastronomie champenoise ne serait guère honnête si l'on n'y faisait point mention des écrevisses (de la Barse), des escargots de vigne (de l'Aube), des quenelles de brochets — lesquels abondent dans rivières et étangs — et enfin des gougères de Bar-sur-Aube (pâte à choux renfermant une crème aux œufs et au fromage de gruyère). ■

Des trésors artistiques

L'art a également sa place dans le parc. L'église de *Géraudot* renferme un superbe retable du XVIᵉ siècle relatant « les Grandes Heures du vray Mystère de la Passion ». *Vendeuvre-sur-Barse*, blottie dans la verdure, possède elle aussi un retable, de pierre et de marbre noir, sculpté par François Girardon (XVIIᵉ s.). *Piney* mérite visite pour sa vieille halle en bois et *Villehardouin* vit naître Geoffroi de Villehardouin, maréchal de Champagne auprès de Thibaut III, au XIIᵉ siècle.

À *Brienne-le-Château* plane le souvenir de Napoléon Bonaparte qui disait : « Pour ma pensée, Brienne est ma patrie ; c'est là que j'ai ressenti mes premières impressions d'homme. » On sait qu'il passa une partie de sa jeunesse (1779-1784) à l'École militaire de Brienne, alors tenue par les Minimes. Il n'oublia jamais ces lieux et y revint à plusieurs reprises. Aujourd'hui, Brienne attire pour ses halles médiévales, pour son église et son château. L'église est du XIVᵉ siècle pour la nef et du XVIᵉ pour le chœur, le déambulatoire et la chapelle. La décoration intérieure reflète le goût ornemental du XVIIIᵉ siècle : grille en fer forgé qui entoure chœur, maître-autel, fonts baptismaux. Mais la partie la plus belle de l'église, ce sont les vitraux du chœur (XVIᵉ s.), délicates grisailles aux reflets dorés. Plus récent, le château fut bâti de 1770 à 1789 pour Louis Marie Athanase de Loménie, sur les plans de l'architecte Jean-Louis Fontaine. Son architecture est sobre et austère. Il est occupé par un centre psychothérapique.

Au sud-est du parc, mais hors de son périmètre, le *Baralbin* étire son croissant de plateaux arides de l'Aube à la Seine. Au flanc des coteaux calcaires bien exposés, pousse la vigne... et une vigne réputée puisque l'aire d'appellation « champagne » englobe ce terroir. Au bord de l'Aube, qui décrit, entre des versants parfois escarpés, une vallée bucolique, tapissée d'herbages, s'est établie *Bar-sur-Aube*. La rivière forme en cet endroit un joli miroir, et vignobles et futaies

de chênes courent les coteaux. On visite les caves gothiques où, depuis des siècles, se fabrique le vin blanc sec. L'église Saint-Pierre, romane d'origine mais remaniée par la suite, possède une Vierge en bois du XIVᵉ siècle et une Vierge en pierre de l'école champenoise, dite « Vierge au bouquet ». Son originalité tient surtout à la curieuse galerie de bois (XIVᵉ s.) qui l'entoure à l'ouest et au nord. Entreprise aussi au XIIᵉ siècle, mais achevée au XVᵉ, l'église Saint-Maclou, ancienne chapelle du château, est remarquable pour son clocher-porche. Dans la ville règne un air du passé : de vieux logis, des tours... Et, au cimetière, est enterré le philosophe Gaston Bachelard, originaire de Bar-sur-Aube.

De l'autre côté du Baralbin, la vallée de la Seine serpente aux confins de la Champagne et de la Bourgogne dans le Barséquanais. *Bar-sur-Seine* s'étale indolemment au pied d'un versant abrupt. La ville natale de Jeanne de Navarre, dernière comtesse de Champagne, connut une histoire mouvementée, faite de sièges et d'incendies. De sa puissante forteresse elle n'a gardé que des pans de murs et la tour de l'Horloge (ou tour du Lion). Mais la fierté de la cité est son église Saint-Étienne, mi-gothique mi-Renaissance, qui contient de magnifiques vitraux du XVIᵉ siècle.

Mussy-sur-Seine, située dans une boucle du fleuve, a gardé un cachet d'antan avec son dédale de ruelles et ses maisons des XVᵉ et XVIᵉ siècles. L'église Saint-Pierre-ès-Liens (XIIᵉ-XVIᵉ s.) est remplie de chefs-d'œuvre : le tombeau monolithe de Guillaume de Mussy et de sa femme, avec gisants (XIIIᵉ s.), une admirable statue de saint Jean-Baptiste du XIVᵉ siècle, une Pietà du XVIᵉ et une statue polychrome de saint Michel du XVᵉ, etc. *Rumilly-les-Vaudes* propose son église Saint-Martin, commencée en 1527 et consacrée en 1549, qui abrite les douze Apôtres sculptés sans doute par François Gentil. Le ravissant manoir dit « des Tourelles », construit à la Renaissance pour Pierre Pyon, marchand troyen, possède des galeries extérieures en bois, une tour d'escalier à pans coupés et quatre tourelles d'angle.

les remparts de Champagne
et d'Ardenne

La tour de Navarre, ▲
gros donjon cylindrique
achevé en 1517,
renforce les remparts
à l'angle sud-ouest.

Verdoyant ▶
et peu accidenté
entre les vallées,
le plateau de Langres
au point de vue
de Pierrefontaines.

◀ À Langres, la porte des Moulins :
un pavillon de style classique,
orné de trophées militaires.

Pourvue d'un bastion avancé, ▲
la porte de l'Hôtel-de-Ville
date de la fin de la Renaissance.

Sentinelle juchée à la proue d'un rocher,
maintes fois dévastée par les invasions,
Langres, sans cesse reconstruite,
présente aujourd'hui encore le caractère guerrier que lui donnèrent les siècles.
Une autre Carcassonne, en quelque sorte,
qui a su garder son charme d'antan.

▲ Quelque 278 ha de superficie,
près de 10 km de tour,
le réservoir de Lecey,
dans la vallée supérieure
d'un affluent de la Marne.

De Chaumont à Saint-Dizier, la Marne sillonne
les marches vallonnées de la Champagne,
et dans ses eaux claires se mirent
les clochers des jolies églises
qui la jalonnent.

◄◄ *Nichée dans un vallon*
◄ *des bords de la Marne,*
Vignory se serre
autour de l'église Saint-Étienne,
dont le chœur roman
prolonge une remarquable nef
d'inspiration carolingienne.

Rocher des Quatre-Fils-Aymon :
émergeant de la verdure,
isolé par un méandre de la Meuse;
cet éperon aux parois escarpées
est devenu légendaire.

La place Ducale de Charleville, ▲
un bel ensemble Henri IV-Louis XIII
dont la conception s'apparente
à celle de la place des Vosges de Paris.

Mézières : ▶
la puissante tour du Roi,
adossée à l'enceinte,
et la flèche élancée
de Notre-Dame-de-l'Espérance.

Charleville : ▶▶
le Vieux-Moulin, construit
dans le lit de la Meuse,
abrite le musée Arthur-Rimbaud
et celui de l'Ardenne folklorique.

Charleville, Mézières, deux cités n'en formant plus qu'une,
mais qui ont gardé chacune leur caractère propre.
L'une, bourgeoise, bâtie selon un plan géométrique au XVIIᵉ siècle
par un prince fastueux, Charles de Gonzague,
l'autre, au long passé militaire, enfermée dans ses tours
et ses remparts médiévaux.

Le château fort ▶
de Sedan est,
avec ses 35 000 m²,
le plus vaste d'Europe.

▲ *Le sombre massif forestier de l'Argonne se dresse sur la partie orientale du Bassin parisien. (Environs de Varennes.)*

angres, Chaumont, Sainte-Menehould, Sedan, Mézières..., une sorte de muraille protège la capitale des invasions éventuelles, une « ligne de défense » sur laquelle Paris n'a cessé de compter au cours des siècles. Certes, la Champagne et l'Ardenne ont bien quelques défenses naturelles : des buttes, des collines, des plateaux, coupés de forêts et de vallées encaissées. Mais, ce glacis ne pouvant suffire à décourager des armées résolues, ces pays sont semés de villes fortes et de citadelles. Élevées par des stratèges, leurs enceintes de pierre ont défié le temps, avec une constance d'ailleurs inégale.

Dès le IIIᵉ siècle au moins, ces contrées connurent les invasions barbares. Au XVIᵉ siècle, après le turbulent Moyen Âge, Charles Quint s'y introduisit par l'Argonne. Deux siècles et demi plus tard, les Prussiens, cherchant le chemin de Paris, s'avancèrent à leur tour à travers l'interminable forêt qui roule ses flots de feuilles sombres d'Apremont à Wassy. En 1870, une bonne moitié des forces allemandes emprunta ce chemin. Moins d'un demi-siècle après, les bois gémirent de nouveau sous les gifles de la mitraille.

Ainsi, ces forêts, ces coteaux, ces vallons et ces villages ont alternativement ruisselé de sang et connu l'âcre odeur de la mort. Cette France vouée au carnage et à la furie, cette France des épopées et des grandes désillusions garde, gravés sur chacun de ses arpents, les terribles souvenirs de la guerre.

Langres la fortifiée

Au nord des grands plateaux bourguignons, entre les vallées de la Marne et de la Bonnelle, son affluent, le *plateau de Langres* est quelque peu âpre, l'hiver au moins. L'altitude y est déjà élevée : au Haut du Sec, point culminant du Bassin parisien, on est à 516 m. Tandis que, vers la Champagne, le plateau descend en pente douce, à peine interrompu par les vallées; vers la Saône, la rupture se traduit par des versants escarpés. Et là, vraiment, on perçoit le rôle stratégique que la région fut appelée à jouer.

À la proue d'un rocher étroit qui domine une Marne naissante, *Langres* a conservé son caractère guerrier. N'était-elle pas la première citadelle du Nord pour qui venait de la plaine de la Saône? Capitale de la Lingonie — un pays gaulois —, elle se fortifia sous l'occupation romaine, puis, à chaque invasion, elle fut dévastée et refaite. Le Moyen Âge la dota de puissants remparts, dont Louis XI et François Iᵉʳ renforcèrent les défenses. On la jugeait inexpugnable et certains attaquants renoncèrent à s'en prendre à elle. En son temps, Louis-Philippe « modernisa » la place, en faisant abattre créneaux et mâchicoulis et en construisant, au pied du promontoire, une citadelle

rattachée à la ville par deux murailles. Le tout couvrait un rectangle de 800 m de large sur environ 2 400 m de long.

C'est par l'est qu'il faut aborder Langres, installée en balcon au-dessus du Bassigny. L'antique cité a belle allure, serrée dans sa ceinture de remparts d'où émergent les tours de la cathédrale et le dôme de l'hôpital. On dirait une autre Carcassonne...

Il s'impose de commencer la visite par les remparts, avec leurs sept tours et leurs six portes, qui offrent, en outre, des vues superbes sur les alentours..., jusqu'aux Vosges et au Jura (par temps très clair, peut-être même aura-t-on la chance de distinguer le mont Blanc dans le lointain — le tout est d'y croire!). Le chemin de ronde, parcours des guetteurs d'antan qui vivaient l'œil rivé sur l'horizon, prêts à sonner l'alerte, permet de découvrir, successivement, la porte des Moulins (1647), la tour Saint-Fergeux, construite en 1471 sur l'ordre de Louis XI, la porte Henri-IV, la tour Piquante, la Longe-Porte (jadis dotée d'un pont-levis dont seuls subsistent les piliers), la tour Saint-Jean et celle du Petit-Saut, la porte de l'Hôtel-de-Ville, la porte Romaine, construite sous Marc-Aurèle, la porte Boulière et sa tourelle du XVᵉ, celle des Terreaux qui date du siècle dernier et, enfin, les tours de Navarre et d'Orval, bâties en 1519 sur l'ordre de François Iᵉʳ. La dernière tour comporte une piste cavalière en spirale. Quant à la citadelle que traverse de part en part l'avenue de Turenne, elle compte huit puissants bastions.

Les remparts enferment une ville d'art, qui est aussi une vieille cité épiscopale. À la fin du IIᵉ siècle, saint Bénigne fonda l'église de Langres, dont il devint l'évêque. Durant le Moyen Âge, les évêques de la ville dirigeaient les affaires du comté avec tant d'autorité et de compétence que Charles le Chauve leur accorda le droit de battre monnaie. Trois cents ans après, l'évêché devint pairie ecclésiastique (il le restera jusqu'à la fin du XVIIIᵉ s.), ce qui valait l'honneur à son évêque, duc et pair, de porter le sceptre à Reims, lors des cérémonies du sacre.

« La position de Langres — sur une colline — et son ciel brumeux me rappellent les anciens Gaulois, et augmentent singulièrement l'effet que la cathédrale produit sur moi », écrit Stendhal dans les *Mémoires d'un touriste*. Ce sanctuaire, placé sous le vocable de saint Mammès, est le monument de la ville le plus important. Il fut bâti de 1141 à 1196 dans un style de « transition » : le roman bourguignon y cède le pas à un gothique en quête de ses formes définitives. L'édifice est imposant et un peu sévère : plus de 90 m de longueur, 23 m de hauteur sous la voûte, 42 m de largeur au transept. Piliers, chapiteaux, triforium et fenêtres hautes sont romans. Le chœur, de pure conception romane lui aussi, est coiffé d'une demi-coupole, portée en triomphe par huit colonnes en pierre de Cohons couronnées de chapiteaux à feuillage. En revanche, la nef, les bas-côtés et le

Les Thermopyles de la France

Aux confins de la Champagne et du pays lorrain, l'*Argonne* est une région de hauteurs boisées, entre lesquelles les rivières ont creusé des sillons presque parallèles et longitudinaux. C'est un rempart naturel, et cinq passages seulement permettaient autrefois de le franchir : ces « défilés » sont aujourd'hui empruntés par des routes. Cette contrée, qui joua un rôle stratégique dans l'histoire et fut le théâtre de combats acharnés (notamment pendant la Grande Guerre), n'est plus « envahie » aujourd'hui que par les touristes.

Ceux-ci viennent y voir les traces de ce passé mouvementé : la butte de Vauquois et son monument, les « abris du Kronprinz », près de Varennes-en-Argonne, le cimetière militaire de la Forestière... D'aucuns y recherchent le souvenir de la fuite et de l'arrestation de Louis XVI, à Sainte-Menehould et à Varennes. Mais la plupart y sont attirés par la superbe forêt qui revêt le long et étroit plateau, entre l'Aisne et l'Aire.

À l'orée occidentale de cette forêt, dans la vallée de l'Aisne, *Sainte-Menehould* occupe une position stratégique, à l'issue du défilé des Islettes. La ville natale de dom Pérignon ne manque pas de charme, avec ses maisons anciennes, son hôtel de ville du XVIIIe siècle et son église gothique. ■

Le Bassigny

À l'est du plateau de Langres, le *Bassigny* apparaît comme une dépression verdoyante, bocagère,

→

▲ *Le château de Braux-Sainte-Cohière, une ancienne commanderie fortifiée des environs de Sainte-Menehould.*

Langres : la nef de la cathédrale Saint-Mammès, un vaisseau voûté d'ogives
▼ *qui remonte au début du gothique.*

déambulatoire, flanqué de cinq chapelles rayonnantes, sont couverts de voûtes en ogives. La cathédrale abrite de belles tapisseries du XVIe siècle illustrant la vie de saint Mammès, ainsi que des œuvres d'art (boiseries, buffet d'orgue, stalles) provenant de la célèbre abbaye de Morimond, ravagée par la Révolution.

La patrie de Diderot a su garder, en outre, un aspect pittoresque, avec des rues étroites et tortueuses et de vieilles demeures des XVIe, XVIIe et XVIIIe siècles. Dans la rue Saint-Didier se trouvent deux beaux logis du XVIIe et une maison Renaissance à colonnes corinthiennes; dans la rue du Cardinal-Morlot, deux hôtels Renaissance, dont l'un avec puits. L'hôtel du Breuil-de-Saint-Germain, bâti en 1580 sur les plans d'un architecte langrois, Nicolas Ribonnier, puis agrandi au XVIIIe, est devenu un musée. Deux ailes — l'une Renaissance, l'autre du XVIIIe — enserrent la cour. Leurs salles recèlent un bel ensemble de faïences d'Aprey (une petite bourgade voisine de Langres, où les fours travaillèrent jusqu'en 1885), d'intéressants manuscrits (XIIIe, XIVe et XVe s.), des souvenirs de Diderot, dont son portrait peint par Van Loo et son buste par Houdon. Une salle est consacrée à la coutellerie, qui se taille, parmi les industries locales, la part du lion.

Autres souvenirs du passé qui méritent mention : l'église Saint-Martin (XIIIe s.) et son élégante tour-clocher du XVIIIe, la chapelle du Collège (1756) et celle de l'hôpital de la Charité, également du Siècle des lumières. Et l'histoire de Langres se retrouve au musée Saint-Didier, riche en peintures et en collections lapidaires, de l'époque gallo-romaine au XVIIIe siècle.

Fraîcheur et eaux vives

En contrebas de la route qui ceinture la ville, de nombreuses sources jaillissent, baptisées de noms chrétiens ou de fantaisie : Saint-Antoine, Saint-Nicolas, fontaine aux Fées et, surtout, la Grenouille, au bout des allées de Blanche-Fontaine, goûtées des Langrois d'hier et d'aujourd'hui. Rien d'étonnant à cela : le plateau de Langres est un intarissable réservoir d'eaux vives, qui alimente la Méditerranée, la Manche, la mer du Nord. Ainsi l'Aube et la Meuse, la Seine et la Marne et quelques affluents de la Saône bourguignonne prennent leur source sur les terres de la Haute-Marne, tout entière placée sous le signe de l'eau. Lacs, étangs, réservoirs, rivières et ruisseaux sont autant d'invites à la promenade, à la pêche, à la baignade, au canotage et à la voile.

À proximité de Langres, on peut voir le cirque de Marnotte (où un modeste ru porte déjà le nom de Marne), le canal de la Marne à la Saône (creusé à la fin du siècle dernier, long de 225 km, dont 5 km de voyage souterrain qui empruntent, pour passer de la vallée de la vouée à l'élevage. À l'attrait de ses paysages s'ajoute celui des vestiges du passé. *Andilly-en-Bassigny* possède un remarquable site gallo-romain, bien conservé. *Bourmont,* perchée sur une colline dominant la Meuse, fut autrefois cité seigneuriale des comtes de Bar, puis des ducs de Lorraine. Lui restent des logis anciens, des remparts, une église du XVIIᵉ siècle. C'est là que s'établirent, au XIVᵉ siècle, les premiers fondeurs de cloches, inaugurant ainsi une tradition régionale. Quant à *Nogent-en-Bassigny,* qui commande le cours de la Traine et n'a gardé de son château fort médiéval que le donjon, elle doit sa renommée à l'industrie de la coutellerie, dont elle est une des capitales. *Bourbonne-les-Bains,* installée dans le charmant val d'Apance, est la seule station thermale champenoise. Ses eaux très

▲ *Le château du Grand-Jardin, à Joinville, dont on attribue la décoration à des élèves du Primatice.*

Chaumont : la basilique Saint-Jean-Baptiste a conservé ses tours ▼ *du XIIIᵉ siècle.*

chaudes (66 ⁰C) sont la providence des rhumatisants.

Cette reposante petite ville propose aux curistes son église gothique; les vestiges gallo-romains qu'abrite son musée municipal; de vieux quartiers dans la ville haute; de belles flâneries sous le couvert de ses parcs — un jardin à la française (Montmorency), ou des « forêts » (parc des Sources, parc du Casino).

Alentour, les buts de promenade sont nombreux : parc animalier de la Bannie, randonnées en forêt, visite de villages aux intéressantes églises. ■

Un joyau gothique

À quelques kilomètres de Sedan, au bord de la Meuse, *Mouzon* eut aussi droit aux turbulences de

Marne à celle de la Vingeanne, un tunnel à voie unique), de beaux plans d'eau aussi : le réservoir de Lecey (niché dans le vallon de la Liez, petit affluent de la Marne, qui est vaste de 278 ha et contient plus de 16 millions de m³), le réservoir de la Mouche (aussi appelé de « Saint-Ciergues », enserré par des collines et des bois), celui de Charmes, celui de Villegusien. Sans oublier la cascade pétrifiante du parc du château d'Etuf.

La capitale des comtes de Champagne

Tout comme Langres, *Chaumont-en-Bassigny,* juché sur le bord d'un plateau, au confluent de la Suize et de la Marne, est une vieille cité fortifiée. Elle est entourée de fraîches vallées verdoyantes. « C'est une fête pour le cœur et l'esprit qu'un pareil horizon », disait André Theuriet. Cette situation stratégique et le charme des environs amenèrent peut-être les comtes de Champagne, vers le début du XIIIᵉ siècle, à la choisir comme « capitale » jusqu'en 1329, date à laquelle leur fief fut rattaché au royaume de France.

Chaumont possède encore quelques maisons anciennes des XVᵉ et XVIᵉ siècles, presque inchangées sous leurs toits de tuiles plates, et des hôtels particuliers du XVIIIᵉ. Le monument le plus intéressant est la basilique Saint-Jean-Baptiste, qui mêle trois époques : le gothique achevé du XIIIᵉ siècle, le gothique finissant du XVᵉ et les premières manifestations de la Renaissance. On y remarquera le portail Saint-Jean (sud) et, à l'intérieur, une mise au tombeau avec des personnages polychromes de 1471. Avec des vestiges de remparts subsiste la tour Hautefeuille, donjon des XIᵉ et XIIᵉ siècles.

En suivant la Marne

En aval de Chaumont, la Marne poursuit son chemin tranquille entre deux lignes de collines aux flancs boisés. La route tantôt longe la rivière, tantôt s'élève à mi-versant et découvre de jolies échappées.

Bientôt se profile au loin *Vignory,* un modeste bourg de quelques centaines d'habitants. Son église, vouée à saint Étienne, arbore un clocher à trois étages de baies, coiffé d'un cône de pierre sous un toit octogonal (XIIᵉ s.). Avec sa nef couverte d'une charpente apparente, ce monument a conservé un aspect typiquement carolingien. Chapiteaux rehaussés d'un décor géométrique ou sculptés de décors végétaux et animaliers, lourds piliers quadrangulaires des grandes arcades en plein cintre, chœur cerné d'un déambulatoire à trois absidioles rayonnantes, tout concourt à faire de Saint-Étienne l'un des plus beaux édifices que nous ait laissés l'architecture romane de la l'histoire et fut l'objet de sièges successifs. De ses fortifications, démantelées à la fin du XVIIe siècle, ne subsistent que des vestiges de remparts et la porte de Bourgogne (XVe s.). Mais la grande fierté de cette petite ville, c'est l'église Notre-Dame, ancienne abbatiale bénédictine, qui passe pour être le plus beau sanctuaire des Ardennes.

L'abbaye, fondée en 971, bénéficia de la faveur des rois de France. Ce qui explique peut-être qu'elle fut dotée, à partir de la fin du XIIe siècle, d'une superbe église gothique dont le style évoque celui d'Île-de-France. Surmontée de deux tours, la façade, remaniée au siècle dernier, a conservé son portail central aux admirables sculptures. À l'intérieur, le vaisseau ne manque pas d'ampleur : 65 m de long, 18 m de large et 21 m de hauteur sous

▲ *Tympan du portail central de Notre-Dame de Mouzon : une remarquable page de sculpture du XIIIe siècle.*

Bordé de vieilles maisons les pieds dans l'eau, le canal du Moulin
▼ *à Joinville.*

voûte. La nef de huit travées, voûtée d'ogives et flanquée de collatéraux, repose sur de grosses piles cylindriques. Au-dessus des arcades, un étage de tribunes, puis un triforium aveugle et enfin de hautes fenêtres en lancettes. Le chœur est entouré d'un déambulatoire sur lequel ouvrent cinq chapelles rayonnantes : là aussi, un niveau de tribunes dans les voûtes s'appuient sur d'élégantes colonnettes.

Près de l'abbatiale, les bâtiments conventuels (XVIIIe s.) abritent l'hospice. ■

« On dressera une grande croix de Lorraine... »

Le 12 novembre 1970, lorsque l'on porta en terre la dépouille de Charles de Gaulle, *Colombey-les-Deux-* →

première moitié du XIe siècle. Un saint Hubert en costume de chasse, agenouillé devant un cerf au-dessus duquel apparaît le Christ, un retable au décor Renaissance, montrant, entre la Vierge et saint Jean, un Christ de pitié, un autre Christ couronnant la Vierge, une Passion, une Adoration des Mages, une Vierge à l'enfant en bois polychrome du XVe siècle, de pur style champenois, sont au nombre des trésors que cette église abrite.

Plus loin, *Joinville* aligne ses vieilles maisons au bord de la Marne et

au flanc des coteaux jadis couverts de vigne, dans un dédale de ruelles dont le tracé et l'apparence disent le grand âge. Siège d'une baronnie depuis le XIe siècle, cette cité est celle de Jean, sire de Joinville et sénéchal de Champagne, compagnon du roi Saint Louis qu'il suivit jusqu'en Égypte. Nous connaissons mieux ce personnage en sa qualité de chroniqueur, d'« inventeur » de l'histoire biographique. Qui ne se souvient de son *Histoire de Saint Louis*, et de la dédicace sur laquelle elle s'ouvre : *« À son bon seigneur Looys, fils du*

▲ *Aux confins de la Champagne,
dressé sur une colline boisée,
le mémorial de
Colombey-les-Deux-Églises.*

Églises devint le village le plus célèbre de France. Depuis lors, pèlerins et curieux ne cessent de défiler devant la tombe de celui qui fut le chef de la France libre.

C'est peu avant la Seconde Guerre mondiale que le colonel de Gaulle fit l'acquisition de La Boisserie, une gentilhommière entourée d'un parc clos de murs. Il aimait ce rude paysage cerné par la « forêt gauloise », à perte de vue. « Au long de quinze kilomètres, aucune construction n'apparaît. Par-dessus la plaine et les bois, ma vue suit les longues pentes descendant vers la vallée de l'Aube, puis les hauteurs du versant opposé. D'un point élevé du jardin, j'embrasse les fonds sauvages où la forêt enveloppe le site, comme la mer bat le promontoire », écrit-il dans ses *Mémoires*.

Depuis la disparition de l'ancien chef de l'État, une croix de Lorraine de granite rose, haute de 43,50 m, a été édifiée sur la colline la plus élevée aux alentours du village. ■

Un chemin pour les flâneurs

La *vallée de la Blaise*, qu'on peut emprunter pour se rendre de Châlons à Chaumont, est un aimable parcours à travers la campagne boisée de la Champagne humide.

Après *Norrois* et sa petite église à abside romane, on traverse *Wassy-sur-Blaise*, qui fut au siècle dernier un chef-lieu de l'extraction du fer. Son église abrite quelques peintures intéressantes et son hôtel de ville une horloge astronomique rare. Un peu plus loin, voici *Doulevant-le-Château*, où la vallée du Blaiseron le

roy de France, par la grâce de Dieu roy de Navarre, de Champaigne et de Brie, comte Palatin, Jehans, sire de Joinville, ses seneschaus de Champaigne, salut et amour et honour, et son servise appareillié. »

Passée à la maison ducale de Lorraine au XIVᵉ siècle, la ville fut attribuée à Claude de Lorraine, chef de la maison de Guise au début du XVIᵉ. En 1548, Charles Quint l'incendia. En 1552, Henri II en fit une principauté, qui revint à un autre Guise, François. Et vers la fin du XVIIᵉ, c'est la famille d'Orléans qui « régna » sur Joinville..., jusqu'à la Révolution.

À part le canal du Moulin, bordé de vieilles maisons les pieds dans l'eau, les rues avoisinant l'église Notre-Dame et la place du Marché avec sa halle en bois, la seule vraie « curiosité » de Joinville est le château du Grand-Jardin. Bâti en 1546 par Claude de Guise, duc de Lorraine, il se compose d'un grand corps de logis à un étage, que coiffe une haute toiture. Ses deux façades sont quelque peu dissemblables, mais rehaussées l'une et l'autre de sculptures d'une facture délicate (peut-être dues à des élèves du Primatice) et rythmées par des travées et des pilastres Renaissance. D'une partie du parc on a fait un jardin public.

Saint-Dizier fut une place forte puissante : en 1544, Charles Quint ne réussit pas à en venir à bout. C'est aujourd'hui une ville industrielle où fonderies, aciéries et forges concentrent les activités. On peut y voir l'église Notre-Dame (XIIIᵉ-XVIIIᵉ s.), qui possède un remarquable sépulcre, et les vestiges de l'ancien château (deux tours et des murs d'enceinte). Non loin de là, *Villiers-en-Lieu* possède un musée de l'automobile française qui offre une riche collection de voitures de toutes les époques.

Le sombre « pays au bois »

Au nord-est de la France, à cheval sur la frontière belge, s'allongent les croupes boisées de l'*Ardenne*. Une région plutôt austère, au climat rude, pluvieux, et où le brouillard n'est pas rare. La Meuse et la Semoy, son affluent, y dessinent dans le sol schisteux de profondes vallées aux innombrables méandres, aux pentes sombres. Et, bien qu'il ne dépasse pas 504 m d'altitude (à la Croix de Scaille, en Belgique), le vieux massif ardennais arbore, ici et là, des allures presque montagnardes. À ses pieds, au sud, s'étale une plaine vallonnée qu'arrosent la Meuse et la Sormonne. Les paysages, largement ouverts, portent des prairies où pâturent moutons, vaches et chevaux de trait.

Mais la véritable Ardenne, celle des légendes des *Quatre Fils Aymon*, de saint Hubert, des Dames de Meuse, elle est sous les denses futaies de chênes, de bouleaux, de charmes, d'érables, de

*Le promontoire rocheux
de la roche à Sept-Heures
domine la cité de Monthermé,
▼ bâtie le long d'une boucle de la Meuse.*

frênes, dans les sous-bois de fougères, univers secret qu'habitent sangliers et chevreuils.

> *Rarement en son silence, en sa solitaire horreur,
> Une forêt pleine d'ombre eut pour moi tant d'attrait*

écrivait Pétrarque. Cette envoûtante forêt d'Ardenne, qu'en son temps César déclarait « la plus grande de toute la Gaule », et qui, semble-t-il, donna son nom au pays (en langue celtique, *arduinna* signifierait « forêt profonde »), ne présente plus aujourd'hui que des lambeaux de ce qu'elle fut. Lambeaux encore importants, puisqu'ils couvrent 140 000 ha, de part et d'autre de la frontière : mais elle est trouée de clairières parées de landes, semée de villages et de bourgs.

dispute en pittoresque à celle de la Blaise, puis *Cirey-sur-Blaise*, qui fut jusqu'en 1789 le siège d'une seigneurie appartenant à la famille du Châtelet, et dont le château eut à plusieurs reprises pour hôte un Voltaire très studieux, puisqu'il y composa *Alzire, Mahomet* et *le Siècle de Louis XIV.* ■

Une date dans l'histoire

Valmy, petit village proche de la forêt d'Argonne, le 20 septembre 1792 : « De ce lieu, de ce jour, date une nouvelle époque dans l'histoire du monde », écrivit Goethe au lendemain de la bataille.

Par les deux défilés des Islettes et de La Chalade, les Prussiens de Brunswick et leurs alliés autrichiens, auxquels se sont joints des émigrés français, ont franchi la forêt d'Argonne. Les Français sont en net état d'infériorité, numérique et physique. La Champagne est menacée, et, après elle, la capitale.

Dumouriez place ses hommes dans un quadrilatère dont le petit village de Braux-Sainte-Cohière, non loin de Sainte-Menehould, pourrait être le centre. Des renforts, menés par Kellermann, arrivent de Metz; ils se voient aussitôt attaqués par les Coalisés, mais, adossés au moulin de Valmy et au ruisseau de l'Auve, ils parviennent à leur tenir tête.

Par une canonnade nourrie, Kellermann donne l'impression que ses troupes sont infiniment plus importantes qu'elles ne le sont, puis fait mouvement vers les vétérans de Brunswick, qui décrochent bientôt. À quatre heures de l'après-midi, la bataille est finie, et les Alliés, battus,

→

▲ *Évocateur d'une grande victoire des armées de la Révolution, le moulin de Valmy, reconstitué en 1947.*

On est loin du temps où elle effrayait l'homme, « la noire forêt des Ardennes, toute inquiétude et mystère, d'où le génie tira, au milieu des bêtes et des fées, ses fictions les plus aériennes » (Maurice Barrès). Elle s'offre désormais aux amateurs de nature et aux randonneurs...

Des sites d'une « grandiose horreur »

Le sauvage défilé creusé par la Meuse à travers le plateau ardennais, de Charleville à Givet, fait partie du pittoresque de cette région. La rivière encaisse ses méandres entre des versants boisés et

des promontoires rocheux. Des villages jalonnent son parcours, où les modestes maisons, faites de petits blocs de schiste et coiffées d'ardoises, s'harmonisent parfaitement avec le cadre naturel, un peu grave. Quelques ardoisières et usines métallurgiques se sont implantées, mais sans trop affecter la beauté du paysage. Une beauté qui ne pouvait qu'attirer les grands romantiques. Ainsi George Sand écrivit : « J'ai souvent comparé le cours de ma vie à celui de cette Meuse qui coule rapide et silencieuse à mes pieds. Elle n'est ni large, ni imposante, quoique bordée d'âpres rochers; [...] elle marche pure, sans colère et sans lutte; ses hautes falaises boisées, étrangement solides et compactes, sont comme des destinées inexorables qui l'enferment, la poussent et la tordent sans lui permettre d'avoir un caprice, une échappée. »

En descendant la vallée, après Nouzonville, active cité industrielle, sise au confluent de la Goutelle, on trouve *Château-Regnault*, établi au pied du *rocher des Quatre-Fils-Aymon*. Énorme rocher que le vent, le gel et la pluie ont patiemment travaillé, façonnant quatre pointes dont la légende a voulu faire les quatre silhouettes, à jamais pétrifiées et chevauchant le même cheval Bayard, des fils du duc d'Ardenne, Aymes de Dordon : Renaut, Alard, Richard et Guichard, poursuivis par la vengeance de Charlemagne. À Château-Regnault, on les voit encore, mais cette fois sculptés par le ciseau d'Albert Poncin... Sur l'autre rive de la Meuse, la *roche aux Sept-Villages* est aménagée en un belvédère d'où l'on a une des plus belles vues sur l'Ardenne. C'est tout le défilé que l'on découvre, village après village. *Laval-Dieu*, au débouché de la vallée de la Semoy, est un peu industrielle. D'une ancienne abbaye de prémontrés, il reste l'église, avec sa grosse tour de schiste (XIIᵉ s.), sa surprenante façade classique de brique et de pierre, et, à l'intérieur, ses délicates boiseries du XVIIIᵉ siècle. *Monthermé* s'allonge, dans un passage resserré, sur les deux rives de la Meuse, dominée par des hauteurs abruptes. On peut y voir des maisons anciennes, ainsi que l'église Saint-Léger (XIIᵉ et XVᵉ s.), curieusement fortifiée et qui recèle des fresques du XVIᵉ siècle. On peut aussi, de là, effectuer de jolies promenades à pied et découvrir la *roche à Sept-Heures*, un promontoire qui offre une vue remarquable sur la Meuse, tout comme la *Longue Roche*, qui commande la rivière à 140 m de hauteur, le *roc de la Tour*, à l'allure fantomatique, d'où l'on embrasse le cours de la Semoy et les masses arrondies de l'Ardenne, ou la *roche de Roma*, un autre éperon qui veille sur la Meuse en aval de Monthermé.

En continuant à descendre la rivière, voici les *roches de Laifour*. Le site est imposant : au-dessus du village de Laifour, un éperon se dresse à 270 m. Ses pentes nues et escarpées tombent à la verticale dans l'eau. Il faut les voir depuis le pont, qui offre aussi une superbe échappée sur les *Dames de Meuse*, haute falaise épousant une courbe plient bagage. C'est là le premier succès éclatant des jeunes armées de la République.

Le moulin de Valmy, reconstitué en 1947, évoque cette victoire. Il offre en outre un large panorama sur la Champagne et la forêt. ■

Aux confins de la Belgique

Tout au nord de la vallée de la Meuse, dans cette étroite portion des Ardennes françaises qui pointe son nez en Belgique, *Givet* est une ville frontière, dont le port fluvial et diverses industries (métallurgie, textiles artificiels) rythment aujourd'hui les activités. Sur la rive droite de la rivière, *Petit-Givet* vit à l'heure industrielle, mais on peut y voir une église du XVIIIe siècle, avec de jolies boiseries et une Crucifixion

▲ *Sur le plateau ardennais, Rocroi : une place forte revue et corrigée par Vauban.*

attribuée à Van Dyck. Sur la rive gauche, *Grand-Givet* conserve quelques traces du passé. Ses maisons d'autrefois se serrent autour d'une église élevée par Vauban et dont le clocher compliqué suscita les railleries de Victor Hugo. À proximité, la maison natale du musicien Méhul, auquel on doit *le Chant du Départ.*

La ville ancienne est dominée par le *fort de Charlemont,* juché sur un promontoire rocheux. Édifiée en 1555 par Charles Quint pour commander la trouée de Chimay qui ouvrait l'accès à la vallée de la Meuse, cette forteresse devint possession de Louis XIV en 1678. Dès 1680, Vauban l'adapta aux exigences du temps, élargissant les travaux de fortification aux deux Givet. En 1815, la place, investie par les Prussiens, résista farouchement

de la rivière et où l'érosion a dégagé des blocs verticaux. La légende prétend que trois sœurs payèrent leur inconduite à l'égard de leurs maris, partis à la croisade, en étant changées en rocs par saint Christophe. Depuis des siècles, elles veillent sur la Meuse qui coule à 250 m en contrebas. Non loin, *Revin* est une vieille bourgade espagnole, remarquable par son site : elle est enfermée entre deux boucles de la rivière. Encore bien des promenades offrent des vues plongeantes sur la vallée : le *rocher de la Faligeotte,* le *mont Malgré-Tout* (qui a inspiré à George Sand le titre d'un roman). Sur d'autres belvédères plane le souvenir du sacrifice des maquisards (monument des Manises, calvaire des Manises), et un grand lac vient d'embellir le plateau, pour les besoins de l'électricité.

De Revin à Givet, la route s'insinue dans une vallée encaissée. La vieille bourgade de *Fumay,* avec ses ardoisières, occupe un méandre de la Meuse. *Haybes* est un centre de séjour goûté des promeneurs. Au confluent de la Meuse et du Viroin, dans un paysage plus large et moins sévère, *Vireux-Molhain* est fier de son église élevée sur des bases carolingiennes (il en reste une crypte) et rebâtie au XVIIIe siècle. L'intérieur, orné de stucs dans le style italien, vaut la visite. Plus loin et un peu à l'écart du fleuve, les ruines du château médiéval de *Hierges* se profilent sur une éminence rocheuse. Et, avant d'atteindre Givet, on passe par la centrale nucléaire de *Chooz,* dont le modernisme surprend d'autant plus que le village de Chooz est resté pittoresque et rustique.

Les remparts des Ardennes

Avec ses vallonnements et ses bois, cette ancienne marche du royaume de France fut appelée à un rôle stratégique important, et son histoire est faite de combats et de sièges. Fortifications, cimetières militaires, monuments commémoratifs évoquent ce destin et les deux guerres mondiales la marquèrent tout particulièrement.

La place forte de *Rocroi,* sise à 377 m d'altitude sur le plateau ardennais, tout près de la frontière belge, évoque la victoire remportée, en 1643, par le duc d'Enghien — le futur Grand Condé — sur les Espagnols, qui y laissèrent de sept à huit mille hommes. Cette cité, fortifiée sous Henri II et remaniée par Vauban, est un modèle de la construction bastionnée en étoile. À l'intérieur de l'enceinte, de quelque 250 m de longueur, les maisons se sont bâties autour de l'ancienne place d'Armes, d'où rayonnent huit rues. L'intérêt de Rocroi est d'avoir conservé intact son système défensif, puissante armure qui subit maints assauts (assiégée en 1815 par les Prussiens, elle résista un mois et demi). Il faut revenir à la Meuse pour atteindre *Mézières,* qui, en 1966, a fusionné avec Charleville. Son seul nom

Derrière les épaisses murailles du château fort de Sedan ▼ *naquit le maréchal de Turenne.*

laisse deviner sa vocation militaire : le mot latin *maceriæ* signifie « murailles ». Jadis fief des comtes de Rethel, elle fut fortifiée dès le Moyen Âge. En 1521, le chevalier Bayard, après un siège de 28 jours, contraignit les Impériaux à battre en retraite. Au temps de la Ligue, la cité fut dotée par le maréchal de Saint-Paul, lieutenant-général pour la Ligue en Champagne, d'une citadelle que Vauban transforma plus tard. En 1815, Mézières résista pendant 42 jours à 20 000 Prussiens. En 1870, nouveau siège prussien, qui dura deux mois : la ville ne se soumit qu'après un bombardement qui la détruisit aux deux tiers. Lors de la Grande Guerre, elle fut, comme Charleville, le siège des plus hautes autorités militaires allemandes, et la guerre de 1939-1945 provoqua encore de graves dommages.

— opiniâtreté qui permit à la citadelle de rester française. Pilonnée par l'artillerie autrichienne en 1914, Charlemont abrita 11 000 soldats américains en 1944, lors de la contre-offensive allemande.

Sur l'autre rive de la Meuse, au-dessus de Petit-Givet, des fortifications aussi : la tour Grégoire (XIe s.), qui offre un beau panorama, et, sur le mont d'Haurs, les restes d'un système défensif entrepris sous Henri II et poursuivi par Vauban. ■

À la découverte de la Semoy

Affluent de la Meuse, la Semoy, venue de Belgique, serpente dans le massif ardennais entre des versants escarpés et boisés. Elle vient mourir dans le fleuve, près de Monthermé. Sa vallée, sauvage et solitaire, est appréciée des chasseurs et des pêcheurs de truites.

Ici rapide et capricieuse, là nappe tranquille, la rivière coule sur un fond de prairies. Elle arrose *Sorendal* (à la frontière), *Les Hautes-Rivières,* petite cité industrielle, *Nohan, Thilay, Tournavaux.* Des rochers qui couronnent les pentes, on découvre de jolies vues (la Croix d'Enfer, le Roc de la Tour ou la Roche des Corpias). Près des Hautes-Rivières, un Centre d'initiation à la nature a été créé par le Comité départemental du tourisme. ■

En suivant le « G. R. 12 »

Qui aime les randonnées pédestres trouvera dans les Ardennes de nombreux sentiers permettant de

→

▲ *Élégante construction Régence due à l'architecte Héré, le château de Bazeilles qu'annonce une grille ouvragée.*

Tout ceci explique que Mézières possède peu de vestiges du passé. Il subsiste des restes des remparts, sur le front ouest (XVIe s.), avec aux angles la tour du Roi et la tour Milart. Au centre de l'isthme décrit par la Meuse, la place de l'Hôtel-de-Ville est un bel ensemble rebâti après 1918. La préfecture occupe un hôtel des XVIIe et XVIIIe siècles, dans lequel était installée l'École royale du génie, où Monge enseigna. Quant à la basilique Notre-Dame-d'Espérance, de style gothique flamboyant, elle offre une remarquable tour Renaissance sur sa façade ouest. Sa haute nef, flanquée de collatéraux, vit célébrer le mariage de Charles IX et d'Élisabeth d'Autriche.

Si à l'heure actuelle Mézières forme avec Charleville une entité économique et politique indiscutable, les deux voisines n'en gardent pas moins chacune son caractère propre. *Charleville* — du nom de l'homme qui en 1606 en décida l'existence, Charles de Gonzague, duc de Rethel — apparaît comme un parfait exemple d'urbanisme de style Louis XIII. Elle fut bâtie sur la rive gauche de la Meuse, à l'emplacement du village d'Arches, capitale d'une minuscule principauté. Son plan régulier, avec de larges rues se coupant à angle droit, comporte en son cœur la spacieuse place Ducale, conçue par Clément Métezeau, frère cadet de l'architecte qui dessina la place des Vosges de Paris (d'où un air de parenté indéniable). Rectangulaire, longue de 126 m et large de 90 m, la place Ducale est percée, sur chaque face, d'une voie perpendiculaire. Vingt-trois pavillons de brique rose à chaînage de pierre ocre bordent trois des côtés, édifices rigoureusement identiques sous leur haute toiture d'ardoises. Une galerie d'arcades surbaissées rythme le rez-de-chaussée. L'ensemble a fière allure, bien que le quatrième côté ait été défiguré par la construction maladroite de l'hôtel de ville (1843). Au centre, une belle fontaine de la fin du siècle dernier supporte la statue du fondateur de la cité.

Mais, pour bien des voyageurs, Charleville est avant tout la ville d'un des plus grands poètes, Arthur Rimbaud (1854-1891). Et les lieux les plus émouvants de la cité sont la maison où naquit le poète (rue Thiers), la maison du quai au bord de la Meuse, où il vécut entre 1869 et 1875 et où il composa *le Bateau ivre,* le cimetière de la ville où il repose auprès des siens. Dans le Vieux-Moulin, ancien moulin ducal d'architecture Louis XIII qui se dresse dans le cours du fleuve, a été aménagé, aux côtés d'un musée de l'Ardenne, un musée Arthur-Rimbaud où l'on peut voir des souvenirs de l'« homme aux semelles de vent ». À proximité du Vieux-Moulin, sur la rive droite de la Meuse, le mont Olympe (205 m) offre un vaste point de vue sur Charleville; un parc de 14 ha couvre ses pentes. Des restes de fortifications démantelées sous le règne de Louis XIV le couronnent.

La ville du Grand Turenne

En amont de Charleville-Mézières, *Vrigne-Meuse* doit sa notoriété à un fait historique : c'est là que, le 11 novembre 1918, sonna le clairon du cessez-le-feu, après d'ultimes combats qui firent bien des morts. En remontant encore la Meuse, voici *Sedan,* que les guerres ne ménagèrent pas. La ville tient son nom de Sedanus, l'un des fils du roi gaulois Bazon, qui choisit pour s'établir la grande boucle que la rivière décrit à cet endroit. Fief des moines de Mouzon, puis des évêques de Liège, possession des de La Marck à partir du XVe siècle, Sedan connut une période de faste à la suite du mariage en 1591 de Charlotte de La Marck, à laquelle revenaient la principauté de Sedan et le duché de Bouillon, avec Henri Ier de la Tour d'Auvergne. Mais cette

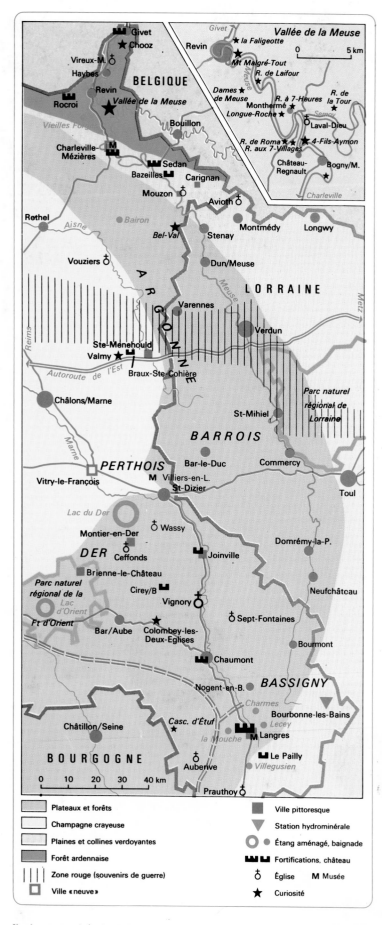

Vallée de la Meuse

0 ___ 5 km

Givet
la Faligeotte
Revin
Chooz
Vireux-M.
Haybes
BELGIQUE
Mt Malgré-Tout
R. de Laifour
Revin
Dames
de Meuse
R. à 7-Heures
R. de
la Tour
Rocroi
Vallée de la Meuse
Monthermé
Longue-Roche
Vieilles Forges
Bouillon
Laval-Dieu
Charleville-
Mézières
R. de Roma
R. aux 7-Villages
4-Fils-Aymon
Sedan
Bazeilles
Carignan
Château-
Regnault
Bogny/M.
Mouzon
Charleville
Rethel
Avioth
Aisne
Bairon
Bel-Val
Stenay
Montmédy
Longwy
Vouziers
Dun/Meuse
ARGONNE
LORRAINE
Reims
Varennes
Meuse
Verdun
Metz
Ste-Menehould
Valmy
Braux-Ste-Cohière
Autoroute de l'Est
Châlons/Marne
St-Mihiel
Parc naturel
régional de
Lorraine
BARROIS
Marne
Bar-le-Duc
Commercy
PERTHOIS
Villiers-en-L.
Vitry-le-François
St-Dizier
Toul
Lac du Der
Wassy
Domrémy-la-P.
Montier-en-Der
DER
Ceffonds
Joinville
Brienne-le-Château
Parc naturel
régional de la
Cirey/B.
Vignory
Neufchâteau
Lac
d'Orient
Sept-Fontaines
Ft d'Orient
Bar/Aube
Colombey-les-
Deux-Eglises
Bourmont
Chaumont
Nogent-en-B.
BASSIGNY
Charmes
Bourbonne-les-Bains
Casc. d'Étuf
Lecey
Châtillon/Seine
la Mouche
Langres
BOURGOGNE
Le Pailly
Auberive
Villegusien
0 10 20 30 40 km
Prauthoy

Légende:
- Plateaux et forêts
- Champagne crayeuse
- Plaines et collines verdoyantes
- Forêt ardennaise
- Zone rouge (souvenirs de guerre)
- Ville « neuve »
- Ville pittoresque
- Station hydrominérale
- Étang aménagé, baignade
- Fortifications, château
- Église M Musée
- Curiosité

---

découvrir la région d'une manière plus approfondie. Le Comité départemental du tourisme des Ardennes a réalisé, avec l'aide du Club alpin français, un petit guide indiquant les itinéraires et donnant la description de chacun d'entre eux, avec la distance exacte et le temps approximatif nécessaire pour effectuer la promenade choisie; des variantes sont même prévues.

Certes, le principal de ces sentiers est le *G. R. 12*, qui prolonge, à partir de Sorendal, le G. R. AE, venu de Bouillon, en Belgique. Sur environ 115 km, le G. R. 12 offre un bel aperçu des paysages ardennais. D'abord la grande forêt baignée par la Meuse et la Semoy. Puis, au-delà de Montcornet, la plaine doucement vallonnée. Enfin, après les forêts de Froidmont et du Mortier, la plaine, encore, jusqu'au Thour.

On conseille aux randonneurs le découpage suivant:
— Sorendal - Meillier-Fontaine : 24 km (6 h);
— Meillier-Fontaine - Clavy-Warby : 27,3 km (7 h);
— Clavy-Warby - Mesmont : 27,2 km (7 h);
— Mesmont - Le Thour : 35,8 km (9 h); cette dernière étape peut être divisée en deux parties : Mesmont - Saint-Ferjeux et Saint-Ferjeux - Le Thour.

Et, pour effectuer cette randonnée dans les meilleures conditions, il convient de prévoir un équipement adéquat : des chaussures de montagne en cuir à semelle antidérapante, un vêtement de pluie, une boussole... Le sentier est praticable toute l'année, mais prudence pendant la saison de la chasse! ■

---

l'épargna pas. Très éprouvée, Sedan, dont le centre fut totalement détruit par les bombardements aériens et l'artillerie allemande, a été reconstruite, pierre après pierre, au lendemain des hostilités.

La citadelle, miraculeusement épargnée, continue de dominer la ville, où la Meuse inscrit un D dont la hampe est le canal. Cette forteresse, qui couvre 35 000 m², est la plus vaste d'Europe. C'est un gigantesque morceau d'architecture militaire, dont la construction, entreprise en 1424 par Evrard de La Marck, se poursuivit au fil des siècles, car, à cause des progrès de l'artillerie, il fallut, pour y faire face, réaménager le château initialement conçu selon le système défensif du Moyen Âge. Aussi apparaît-il aujourd'hui comme un résumé de l'art militaire. Un éperon rocheux, cerné de deux ruisseaux, aujourd'hui captés, lui sert de piédestal. Du château primitif, de plan triangulaire, élevé autour d'un sanctuaire du XIe siècle arasé au XIXe, on peut voir les tours jumelles, de 30 m de hauteur et d'une dizaine de mètres de diamètre — elles forment l'entrée de la citadelle —, la tour est, aussi imposante, la petite tour ouest, destinée à l'habitation, ainsi que le prieuré, transformé alors en donjon. Au XVe siècle, la tour est, haute de 35 m, fut chemisée et renforcée par des murs de 7 m, les courtines furent, elles aussi, renforcées (épaisseur de 7 m) et la grosse tour fut construite, englobant la petite tour. Ce dernier bâtiment est haut de 33 m pour un diamètre de 17 m et des murs épais de 7,20 m. De cette époque datent aussi la partie ouest du château (la Baille) et le remparement (une seconde muraille fut édifiée à quelques mètres de la première). Les bastions, trapus et solides, qui à eux seuls couvrent 20 000 m², furent construits au XVIe siècle, soit cent ans avant Vauban.

Le palais des Princes, ou Château-Bas, remonte, quant à lui, au début du XVIIe. Élevé sur les plans de Louis Mayerel et Jean Chardon, il fut la résidence des princes de la ville. C'est là que naquit, en 1611, Henri de la Tour d'Auvergne, le futur Turenne.

À quelques kilomètres au sud-est de Sedan, *Bazeilles* nous reporte aux terribles combats de 1870. La brigade d'infanterie de marine du général Martin des Pallières s'y battit héroïquement contre les Bavarois. La maison de la Dernière Cartouche garde le souvenir de cette farouche résistance. Mais c'est une image plus sereine qu'offre le château de Bazeilles, bâti vers 1750 pour un riche drapier de Sedan, Louis La Bauche. Endommagé par les guerres mondiales, il a été restauré. Une grille de fer forgé, encadrée de lions, ouvre sur la cour d'honneur décorée de statues. Au fond de celle-ci, un corps de logis central couronné d'un fronton très orné et flanqué de deux pavillons en saillie constitue le château. Une balustrade court le long du toit, hérissée de figures d'enfants. D'aucuns ont cru reconnaître dans cet ensemble harmonieux l'œuvre de Héré, architecte de la place Stanislas de Nancy.

---

florissante cité de la draperie subit le contrecoup des guerres de Religion. La révocation de l'édit de Nantes porta une rude atteinte à une activité qui devait beaucoup aux protestants. En 1870, la ville vécut la plus grande tragédie de son histoire, et en 1940 la guerre ne

20. Remparts de Champagne et d'Ardenne